〈中国の時代〉の越え方

一九六〇年の世界革命から二〇二〇年の米中衝突へ

矢吹晋

白水社

〈中国の時代〉の越え方——一九六〇年の世界革命から二〇二〇年の米中衝突へ

石橋湛山（中央）と若き日の著者（左）
東京・下落合の石橋邸、1965 年 10 月 6 日撮影

装幀＝コバヤシタケシ
装画＝佐貫絢郁
組版＝鈴木さゆみ

〈中国の時代〉の越え方★目次

この本がどのように生まれたのか、その経緯をご説明したい。

著者は一九五八年に大学に入り、三鷹寮経由で駒場寮中国研究会（中寮中研室）に密入寮した。第二次大戦後の自治寮駒場は戦前の一時期とは異なり、自治寮からの退寮処分が即退学処分となるほどの権限はもたなかったが[1]、それでも自治の慣習はかなり生きていて、それは特に学生の政治的行動において顕著であった。学生自治会によるストライキ決議に先だって寮総代会でまずストライキを決議して、駒場全学にアピールするスタイルが慣習化しようとしていた。これに対して大学当局はまず勉学を妨げる行為を決議した責任を追及して退学処分を行い、次いで「改悛の情あり」として復学させるスタイルが定着しつつあった[2]。私が入寮する前年には中国語クラス二年先輩の金山秀一（中研）が自治会委員長として退学処分を受けた。入寮した五八年後期には、一年先輩の小林清人委員長（中研）[3]や杉浦克己副委員長（歴研）[4]が退学処分を受け、これに抗議する運動の中心が駒場の寮生であった（三名とも、その後復学）。私は一九五九年前期の総代会議長としてストライキ決議の責任者（すなわち退学処分候補者）の仲間入りをし、処分を覚悟していたが、「処分・復学のイタチごっこ」に対する反省が学生・教授会双方にあり、岸信介内閣の反動政策に対しては教授間でも不満が広がり、そのような駒場教授会の雰囲気は事務局学生課長（西村秀夫助教授）を通じて、われわれ寮幹部や自治会幹部にも伝えられ、一種の協調ムードが生まれていたこともあり、ほとんど皮一枚で処分を免れた。六〇年安保闘争前夜は、このような牧歌的師弟関係が色濃く残っていて、七〇年代の敵対関係とはかなり異なっていた点が記憶されるべきだ。その象徴が樺追悼デモに掲げられた「樺美智子さんの死に強く抗議する」という横断幕の文言であり、抗議デモには教職員も多数参加していた。

駒場寮中研に入ることは、即活動家予備軍として先輩からオルグの対象と目されることになった。入寮してまもない一九五八年六月、林紘義[5]、杉浦克己ら五七年入学組の引率で、西部邁[6]、金田晉[7]、今井武久[8]らわたしたち五八年入学組が、和歌山勤評闘争への応援オルグ活動に誘われた。帰寮してまもなく、一年先輩の樺美智子[9]が寮へ訪ねてきて目黒区内の各小中学校への勤評反対のビラ入れをやるので、手伝って欲しいと頼まれ、二人ででかけること数回に及んだ。道すがら彼女は、「なぜ中国語を第二外国語として選んだのか、中国研究を行う意味は何か」と鋭く質した。当時はスターリン批判の衝撃を受けてロシア革命の見直しをロシア語やドイツ語文献を読み直すことから始めようとする風潮が学寮歴研やロシア史研究会の間で盛んであり、毛沢東については、スターリンと同類の「民族主義者」であり、「研究に値せず」と見る風潮が特に新左翼学生の間では強かった。日中間の戦後処理や友好関係の樹立は、日本革命が成就してはじめて実現できるのであり、日中戦後処理や交流という「小事」は、世界革命という「大事」に従属すべきだと彼女は論じた。当時、私の周辺にはトロツキーの永久革命論に賛同する者が少なくなく（前掲小林清人や塩川喜信など）、私は一方の世界革命論の魅力と、他方の日中問題の戦後処理、国交正常化という民族的課題（新左翼のいう小事）との間で右往左往していた。

一九六〇年前半の羽田デモから一連の国会デモまで、私は樺美智子の前列あるいは前前列でスクラムを組むことが多かった（六月十五日当日の学内隊列、国会南門前隊列もそうだ）。彼女の死後、毛沢東は「樺美智子は日本民族の英雄だ」と讃辞を送り、弔慰金を届けた。この讃辞を樺がもし耳にしていたら、どんな表情を浮かべたであろうか。彼女が素直に受け入れたとは思えない。弔慰には感謝しつつも、率直な拒否の返礼を述べたのではないか。[10] 代々木からすると、脱党し共産主義者同盟《ブント》を組織した彼女は、裏切り者に過ぎない。[11] 五八年夏休み前の勤評反対ビラ入れの際に、私は彼女から代々木への入党を強く勧められた。駒場細胞において多数派工作のために票数が必要だと彼女は説いた。私は多数派工作の論理は理解したが、彼女の中国革命観、毛沢東観には同意できなかったので、返事を曖昧にした。しばらくして彼女は一転、「あなたは断じて入党してはならない。われわれはもう見限った。新組織ブントを立ち上げる準備をしているから、それに参加しなさい」と断言した。五八年後半から六〇年前半にかけて、日本政治の潮流はおおきなうねりを見せ、その渦中に彼女は凛と立つ。こうして私自身は結局代々木に入党し、脱党する（除名される）ことはなく、またブント結成にも参加せず、反安保運動の核心部分と一般学生との間に立つ街頭左翼の部類にとどまった。五八年秋の駒場祭では老舎作「茶館」を翻訳・上演した。五九年秋の駒場祭では夏衍作「上海屋檐下」を翻訳・上演した。こうして世界革命の理想あるいは妄想と革命前中国社会のイメージの間で駒場の二年間は過ぎた。革命の理想を語るとき、われわれは計画経済を真に実現するためには、やはりコンピュータが不可欠であろう。そのコンピュータ時代はいずれ必ず到来する、と口角泡を飛ばした。[12] あるとき神田警察署から学寮中研究ての呼び出し状が届き、出向いたところ一九五四年に駒場寮に機動隊が入った際に押収した証拠物件の返却であった。[13] 要するに大躍進や人民公社を理解し、中国との関係を模索する知的欲求と世界革命への幻想との間で揺れ動く疾風怒濤の時代が駒場の青春であった。

本郷の経済学部進学後は、大内力教授の農業経済ゼミナールに参加し、長野更級村（三年次）と新潟蒲原村（四年次）の農村調査に参加したが、教わることはこれで十分と勝手に決めこみ、大人数講義はほとんど欠席し、辛うじて卒業した。卒業か留年か迷っている就職活動期に大内先生から東洋経済原田運治専務宛[14]の紹介状を頂戴し、訪問したところ「経済雑誌に興味があるなら歓迎する」と迎えられ、その場で事実上就職が決定した。「実は東洋経済から学生を紹介して欲しいという手紙が届いている。貴君に興味があるなら、紹介状を書きますよ」と先生の方から提案され、これを受けたものであり、私からお願いしたものではない。

東洋経済には卒業以来、一九六七年秋にアジア経済研究所に転ずるまでの五年半、ジャーナリストとしての訓練を受けた。そこで得た石橋湛山や三浦銕太郎の印象については、昨年湛山財団の『自由思想』誌にエッセイを書いた（本書第一章）。[15] その骨子は、湛山訪中による周恩来、毛沢東との会見こそが、廖承志・高碕達之助貿易協定を経て、田中角栄による国交正常化への道を開拓した原点だとみる認識である。この経済雑誌社には独特の気風があり、「東洋山経済寺」と称されることもあったが、私はここで湛山やその周辺の人々に導かれて、世界革命の妄想を捨てて、隣国との着実なつきあい方の模索に取り組み始めた。そして中国で文化大革命が始まると、これを研究するためにアジア経済研究所に転職した。転職に際して大内力教授はもう一度紹介状を東畑精一所長に書いて下さった。アジ研では、東畑精一所長以下のリベラルな研究者たちに囲まれて、中国研究の奥深さと難しさを日々教えられた。その探索の日々は、いまなお続いている。

　とはいえ、現代中国研究の道は試行錯誤の連続であった。私は中国農村革命の真実を知るために農村への下放を希望したが、当時の中国は政府系研究機関研究員の入国を認めず、私はやむなくシンガポール南洋大学と香港大学に遊学し、東南アジアを放浪した。当時マレー半島のジャングルではマラヤ共産党のゲリラが活動を続けており、私はこれも注視していた。一九七一〜七三年のことだ。中国大陸で生じている変化（文革の最終段階）を私は周辺から観察していたことになる。

後日納得したことだが、これは鄧小平による改革開放を理解する上では、たいへん恵まれた観察地点であった。「風は南から」吹いた。改革開放の風源からウォッチしていたので、脱計画経済を急ぐ中国経済の変化を十分に理解できたように思う。朝鮮戦争以後の中国封じ込め策のもとで、毛沢東の中国は自力更生を旨としたが、この強制された鎖国政策のもとで、大陸経済とアジア四小龍（韓国・台湾・香港・シンガポール）の経済格差は大きく開いた。鄧小平による市場経済の「密輸入」路線は、アジア四小龍の成果に学ぶものであり、私は学びの対象とされた経済や社会を観察していたので、いわば教師の側から学生の努力を観察する図柄に似ている。私の初訪中は一九七九年四月、中国語を学び始めてから二十一年後であった。日中国交正常化以後、日中の往来はしだいに増えたが、私は文革期の紅衛兵たちが編集した『毛沢東思想万歳』を中国当局の許可を得ることなく、勝手に翻訳したかどで「反中国分子」の扱いを受け、ビザ申請を拒否されること数回に及んだ。この「万歳事件」を通じて、私は中国の官僚システムの一端に触れ、また日中友好運動関係者たちの生態を垣間見て、これと距離をとりながら中国とのつきあい方を模索するほかあるまいと観念した。文化大革命の直前に訪中した宮本顕治・毛沢東会談（六六年三月二十八日）を経て両国共産党は敵対関係に陥り、その対立は日中友好団体や原爆禁止運動等、ほとんどすべての大衆団体・左翼団体にも及んだ。学界も同様であり、代々木対反代々木の対立の亀裂は広がり深まった。中国研究自体の難しさに加えて、中国とのつきあい方の難しさをいやというほど知らされ、同時にこれは中国の知識人なら誰でも体験していることを次第に理解し、中国問題を観念ではなく、現実に即して理解することの重要性について、一歩一歩認識を深めた。『万歳』翻訳をめぐるビザ拒否事件は一例に過ぎないが、これは尾を引いて、八〇年代半ば、私がある雑誌に書いた胡耀邦失脚事件の評論[16]のゆえに、重ねてビザを拒否された。[17]東南アジア放浪から帰国してまもなく、私は横浜市立大学商学部に招かれた。これはその頃、アジア経済研究所の会議室を利用して開かれていた「社会主義経済研究会」で面識を得た佐藤経明教授の勧誘による。佐藤さんは五〇年代の反レッドパージ時代を生きた体験者であり、私のビザ拒否問題等を深く理解しておられ、声をかけてくれた次第である。その三年後、大内力訪中団が組織され、その旅も同行した。[18]横浜市大では中国語を教えながら、中国の経済改革と政治、その国際関係を講義した。二〇〇四年春、私は定年を迎え、「日中誤解はメイワクに始まる」と題した告別講義を行い、三十年に満たない横浜市大の教員生活を終えた。

横浜市大の定年後、時間的に余裕が生まれたので、郷里安積高校の仲間と共に朝河貫一顕彰協会を結成し、代表理事に選ばれた。当時、朝河史学の業績についてはほとんど知られていなかったので、学位論文『大化改新』(二〇〇五年)、ライフワーク『入来文書(*The Documents of Iriki*)』(二〇〇六年)、学術論文集『比較封建制論集』(二〇〇七年)、そして遺稿『中世日本の土地と社会』(二〇一四年)を英語から日本語に翻訳した。[19]この数年間、翻訳に没頭したので、チャイナ・ウォッチからは一時離れたが、朝河史学は日本史における天皇制が中国大陸の政治体制を強く意識しつつ形成された過程を巧みに論じており、日中関係を二千年の東アジア関係史に位置づけて考察することの重要性を学ぶ点では、有効な回り道であったと感じている。

さて二〇一二年の尖閣国有化をめぐって日中関係は厳しい対立関係に陥った。その行方を深く危惧しつつ、私は『尖閣問題の核心』（二〇一三年）、『尖閣衝突は沖縄返還に始まる』（二〇一三年）、『敗戦・沖縄・天皇——尖閣衝突の遠景』（二〇一四年）、『南シナ海領土紛争と日本』（二〇一六年）を書いて、尖閣衝突の諸問題を分析した。『核心』と『沖縄返還に始まる』は中訳され、[20] いまや私はビザを拒否された往時とは一転して、中国から歓迎される本の書き手に変身したが、これは「私の中国論が変わった」というよりは、日本の「中国論が変わった」結果と見るべきであろう。私が一連の尖閣本で書いたことは、六〇～八〇年代にはほとんど日本知識界の常識であったが、この常識がいまや「中国寄り・中国迎合」と受け取られるほどに日本世論全体が右傾化していた。[21]

こうして日本ジャーナリズムで猖獗をきわめた中国崩壊論に加えて、新たに中国脅威論が加わり、「崩壊や脅威を論じない本は、売れない」時代が到来したと喧伝された。改革開放の初期には崩壊論が語られ、崩壊論が崩壊した時点で一転、脅威論が大流行したわけだ。隣国の動向を冷静に直視できない日本世論をあざ笑うかのように、中国経済の市場経済化への歩みは、いよいよ加速度を増して、ドイツを超え、日本を超え、アメリカに迫った。その現状をとらえて、著者は『チャイメリカ——米中結託と日本の進路』（花伝社、二〇一二年）を書いて、米中二極構造を分析した。この本を自死前夜の旧友西部が評価したことは前述の通りで、その対話はYouTubeに掲げられている。

本書は、その続編である。前著の構想以来まもなく十年になるが、この間、「中国の勃興と米国の衰退」はいよいよ明らかになり、それに伴って様々の問題が噴出してきた。トランプ大統領による「アメリカ・ファースト」のスローガンは、それ自体が衰退米国を象徴する。パクス・アメリカーナの旗手として世界に君臨する能力の限界を感じて、ドメスティックな米国に戻ろうとする話だから、これは「基軸通貨国の地位を返上したい」というつぶやきにも聞こえる。他方、米国をここまで追い上げている中国は自らの国力の限界を熟知しているので、米国に取って代わろうとするつもりはないが、米国から見ると、中国の野心がぎらぎらと光る。米中はいまや関税戦争からＩＴ覇権・量子覇権を争う段階に突入した。本書はこの問題に肉薄する。

著者は『中国の夢――電脳社会主義の可能性』（花伝社、二〇一八年）において、「ビッグデータ（大数拠）の集積は、われわれにジョージ・オーウェルが『一九八四年』で警告した「ビッグブラザーの独裁」を想起させるが、中国の識者たちは、ビッグデータやデジタル・リヴァイアサン（digital Leviathan）という現代の怪物を飼い馴らす方法を模索している」と紹介した。本書はその電脳社会主義の続編でもある。

二十一世紀の人類を救うのは新時代の社会主義（digital Leninism）なのか、それとも伝統的な福祉国家（Welfare States）なのか。中国であれ、米国であれ、あるいは日本であれ、ビッグデータが「神の見えざる手」のごとく、人々を支配する動きは日々強化されているが、これを市民の立場から有効に管理する試みは、支配の強まりに対比してはるかに遅れているように感じられる。それがもどかしい。

著者の半世紀を超える中国研究の歩みは、試行錯誤の連続であり、よりよい相互理解を求める旅は永遠の過程にあるが、尖閣国有化以後の日本の中国理解が著しく現実から乖離したことを憂える昨今である。特に新旧左翼に共通する「（自らの定義した）社会主義の色眼鏡」から中国を見る人々の間で、中国嫌いが目立つ。勃興しつつある中国を軽視し、蔑視するのはよくない。勃興する隣国と巧みにつきあうことを学習しなければ、日本の未来はない。歪んだ色眼鏡を外して、現実の中国の姿を直視せよ。これが本書のメッセージである。

註

（1）田中智子「第一高等学校・東京大学における戦後学生自治活動――岡田裕之氏に聞く」において、岡田はこう語っている。https://www.u-tokyo.ac.jp/content/400005655.pdf 「一高の場合には寄宿寮が全寮制の自治寮でしたから、これも生徒は入学と共に全員が自治寮生となる建前で、自治寮は各室毎の総代で構成する総代会が最高機関で、互選された寮委員会は自己責任の原則に基づき寮紀律維持から寮生の処分まで持ちました。文部省管轄下の学校当局は当然、思想案件を含む学事事項について処分権を持ちます。総代会で「退寮」決定となれば、すなわち学校も退学です」（八八頁）。一九五〇年におけるレッドパージ反対闘争において退学復学を体験した佐藤経明教授の手記は東大経済学部同窓会機関誌『経友』に掲載されており、岡田ヒアリングでも引用されている。

（2）矢内原忠雄総長の三原則に基づく駒場の処分手続きと本郷経済学部の処分手続きには、違いがある。五〇年代レッドパージ闘争時代の佐藤経明教授の手記「退学復学前後」（原載『経友』九一号、一九八一年九月）は、前掲岡田裕之ヒアリングに引用されている。矢吹が体験した六〇年代における矢内原三原則の解釈は、もはや半ば伝説化していた（一〇二頁）。

（3）小林清人（一九三七〜二〇一〇、元法政大学名誉教授、世界経済論専攻）の委員長時代中研室は事実上自治会常任委員会の機能の一部を代行した。私は一寮生に過ぎなかったが、ビラ刷りやビラ配り、全国自治会からの連絡役の受け入れ等、多忙を極めた。小林の退学処分以後は復学までの連絡役を中国語担当の工藤篁教授から依頼されていた。復学後の小林は大内ゼミの一年後輩になったこともあり、六二年の私の型破りな結婚式を後に夫人となる西川和子とともに準備してくれた。彼は第四インタナショナル系の活動家であったため、ブントには参加していない。

（4）杉浦克己（一九三七〜二〇〇二）、元東京大学名誉教授、『杉浦克己と私たちの時代』（桜井書店、二〇〇二年）。矢吹の追悼文あり。

（5）林紘義（一九三七〜）は共産同共産主義の旗派、日本共産労働党、共産主義者同盟（旧共旗派だけの組織）、全国社会科学研究会（全国社研）、マルクス主義労働者同盟（マル労同）、社会主義労働者党（社労党）、マルクス主義同志会を経て、労働の解放をめざす労働者党を結成し、今日に至る。林は文学部国史科に進んだので、樺美智子とは、その死まで最も身近にいて、長野の自宅まで彼女を招いたりする関係にあった（紘義の妹陽子を妻とした西忠雄の証言による）。その後八十代の今日に至るまで一貫して職業革命家の道を歩む。

（6）西部邁（一九三八〜二〇一八）は和歌山オルグ以来の旧友で拙著『尖閣問題の核心』が出た二〇一三年五月四日に西部邁ゼミナール（東京ＭＸテレビ https://www.youtube.com/watch?v=UTsqahJHeNE&t=28s）

に私を招き、本を紹介してくれた。さらに拙著『チャイメリカ』も二〇一三年五月十一日に西部邁ゼミナール（東京MXテレビ https://www.youtube.com/watch?v=PLA7P1Iyq5w&t=48s）で紹介してくれた。

（7）金田晉（一九三八〜）美学研究、広島大学名誉教授。

（8）今井武久（一九三八〜）元日本郵船勤務、のち和歌山大学教授。

（9）樺美智子（一九三七〜一九六〇）。毛沢東は「樺美智子は全世界にその名を知られる日本民族の英雄になった」と述べ、日本共産党は「樺美智子（共産主義者同盟）の死は、官憲の虐殺という側面とトロツキスト樺への批判を混同してはいけない。樺の死には全学連主流派の冒険主義にも責任がある」と述べ、官憲とともに全学連側の行動も非難した。青木昌彦（一九三八〜二〇一五）は、私と同じ年に経済学部を卒業しているが、キャンパスや街頭デモで会った記憶は皆無である。姫岡玲治という青木の筆名はむろん知っていたが、たぶん理論家青木は学内でも街頭でもアジ演説をすることのない地味な役割に徹していたからであろう。青木と樺は一九六〇年一月十六日未明、羽田空港ビル内で逮捕されたデモ学生隊に含まれる。この夜、私はアルバイトの都合で夜になってから空港近くの集合場所にかけつけたので、そこから空港ビルへの道はすでに遮断されていて、圧倒的な数の機動隊の壁に阻まれ、その護衛つきで真っ暗な空き地に連行される学生の中にいた。六〇年安保を代表する知性の一人加藤尚武（京大名誉教授）とは、駒場寮広場の一角で開いた小さな決起集会において私の拙いアジ演説をフォローしてもらった縁で今日も著書を贈り合う友情が続いている。

（10）弔慰金は窓口の日本共産党の手にわたり、遺族には届かなかったと聞く。

（11）日中両共産党の分裂は一九六六年であり、当時両党は友好な関係にあった。

（12）この科学進歩史観を支えてくれたのは、ソ連における数学、物理学の発展であり、打ち上げられたばかりのスプートニクを例に挙げて、ロシア語学習を説得してくれた玉木英彦教授（物理学、一高講師を経て教養学部教授）の横顔をいま想起する。玉木教授は中国語を選択する問題意識の豊かな学生ならばロシア語を受け入れる可能性あり、と見て『プリローダ（Природа）』の学習会への参加を繰り返し勧誘した。われわれは教授の勧誘には応じなかったが、コンピュータと社会主義の結合は不可避と認識する点で、他の学生とは違っていたと思う。

（13）その証拠物件とは、毛沢東の白黒写真一枚と「吉田政府打倒」の六文字を書いた手書きのポスターであった。このとき逮捕された学生の一人が武藤一羊（全学連中執）である。「全学連に武装弾圧、駒場寮に警官八百、寮生団結して抵抗」『東京大学学生新聞』一九五四年三月十八日。
（14）原田運治（一九一一～二〇一七）、淡路島生まれ、大内兵衛ゼミ出身で、兵衛・力両教授と親交があった。東洋経済専務を経て、経済倶楽部理事長、東海大学教授を歴任。
（15）「湛山老と大原万平さんの「四つの対話」を読む」『自由思想』二〇一九年十二月号。
（16）矢吹晋「皇帝鄧小平の老い」『中央公論』一九八七年三月号。
（17）何新捏造対談事件もその一例だ。『北京週報』一九九〇年四七号（十一月二十日）、四八号（十一月二十七日）、四九号（十二月四日）連載「当面の世界経済情勢について――中国の学者何新氏と矢吹晋教授との対談（上中下）」および『人民日報』一九九〇年十二月十一日付「世界経済形勢与中国経済問題――何新与日本経済学教授S的談話録（一―三面）」。『北京週報』では矢吹晋の実名が書かれているが、矢吹の抗議を受けて『人民日報』は「教授S」と修正した。矢吹＝Shichui の略である。一連の経過は矢吹晋『保守派改革派――中国の権力闘争』蒼蒼社、一九九一年に収めた。
（18）大内力訪中団日誌 1979.4、『季刊労働者自主管理研究』一九八〇年三月六日号。のち『大内力ゼミナールたにし会の半世紀』二〇〇五年。
（19）いずれも柏書房から刊行。
（20）矢吹晋『釣魚島問題的核心』社会科学文献出版社 2015．矢吹晋『釣魚島沖突的起点沖縄返還』社会科学文献出版社 2016.
（21）関西学院大学の浜野研三教授はこれを「逆立ち全体主義（inverted totalitarianism）」と論じて、矢吹の孤立化に着目した。『「ただ人間であること」が持つ道徳的価値』春風社、二〇一九年。

第一章　湛山の先見の明

一　「東洋山経済寺」での五年半

私は一九六二年春に大学を出て東洋経済新報社に就職し、六七年九月にアジア経済研究所に転ずるまでの五年半を経済記者として「修行」した。「東洋山経済寺」と先輩諸氏が呼んでいたこの職場は、大学を出たばかりの若者に対して、日中・日韓問題の核心を最良の教師陣が教える教場でもあった。私の配属先は編集局政経部であった。私は経済学部の学生時代に大内力教授の日本農業論ゼミに参加した縁で、同教授が大内兵衛ゼミ出身の原田運治専務宛てに紹介状を書いて下さり、それで就職が決まった経緯がある。

初めての仕事は、週刊『東洋経済』巻頭を飾る匿名座談会「今週の問題」の編集雑務であった。その司会を担当されていた大原万平論説主幹のもとで働き、たいへん可愛がられた。大原主幹は社内スキー部監督・顧問等、部下を可愛がることで有名であり、社内ではマンペイさんの愛称で呼ばれていた。

東洋経済では、六二年同期入社の畏友浅野純次（のち社長）が解説しているように、綿野さん、大原さん等々「さん付け」で呼ぶ習慣であったが、大原さんの場合は通常、マンペイさんであり、私は幸運にもマンペイさんからとりわけ可愛がられたように思う。その理由は多分、私が大学入学当初から第二外国語として中国語を学び、片言を話せたためだ。

湛山年譜を読むと、一九五九年九月に初訪中して周恩来と会談し、一九六三年九月には再訪中して、周恩来のほかに毛沢東とも会見している。湛山を「オヤジ、オヤジ」と呼び、心服していたマンペイさんから見ると、湛山老の一言隻句が拳拳服膺すべき至言であった。とはいえ、周恩来や毛沢東はいったいどんな人物なのか、彼らをリーダーとする中国はどんな国なのか、もっと知りたいし、マンペイさんは知り得たことを誰かに話したい。私は偶然の幸運だが、そのように切実な関心をもつ大原さんの目にとまり、折々の話し相手に選ばれた模様であった。

たとえば入社三年目の六五年十月六日、下落合の石橋邸に連れていってもらったことがある。この時は、たまたま社内アートセンターの田舎巌雄カメラマンも同行され、その記念写真は私の宝物となった。

この時、居間に掲げられている毛沢東の揮毫、曹操「神亀寿」（神亀雖寿、猶有竟時。騰蛇乗霧、終為土灰。老驥伏櫪、志在千里。烈士暮年、壮心不已。盈縮之期、不但在天。養怡之福、可得永年。幸甚至哉、歌以咏志）に気づいたので、これを写してもらった。当時七十二歳の毛沢東が「神亀寿」を八十一歳の湛山老のために揮毫したのはなぜか。「湛山老は暮年なれど、壮心は已まず」。老驥が櫪に伏すどころか、遠路遥々北京を訪問してくれた、その「志は千里にあり」、と湛山の心中を忖度して、古来有名な詩を選び揮毫した意図は、毛沢東特有の墨痕に鮮やかだ。

またある夏には猛烈などしゃぶりを冒して、綿野脩三社長、原田運治専務、大原万平主幹が山中湖畔の湛山避暑山荘に暑中見舞いに行く機会があり、新米記者の私が雑用掛として同乗ドライブを命じられたのも、忘れがたい思い出である。

日中記者交換が始まるや中国から第一陣の記者団が来日し、文京区の川口（松太郎）アパートを宿舎とした。記者諸氏を高度経済成長の道を急ぐ日本主要企業に案内し、日本経済の現場を知ってもらう一連の企画が、湛山の示唆により大原さんのもとで始まり、私は京浜・京葉コンビナートの十指に上る工場参観への同行を許された。これは私自身にとっても生産現場を知る絶好の機会となった。訪日記者たちはいずれも流暢な日本語を話したが、母国の計画経済システムと、資本主義企業の現実とはあまりにも異なる事柄が多く、私は後日川口アパートに招かれ、種々解説を求められることも数回に及んだ。

石橋湛山記念財団が発行する『自由思想』に再録された四篇の石橋・大原対話（①「時局雑感、問われるままに」『東洋経済』一九六一年四月一日号、②「平和への私の提言」『東洋経済』六一年九月二十三日号、③「終戦二〇年の時点に立って」『東洋経済』六五年八月十四日号、④「中国・日韓問題を語る」『東洋経済』六五年十月十六日号）は、まさに私の新米記者時代、そして中国研究者に転ずる前夜と重なる。往時茫々、今昔の感に堪えない。

なかでも湛山の先見の明を端的に示すのは、六三年再訪中における毛沢東会見であろう。ここからLT貿易が本格的に動き出して日中国交正常化への底流を作り出した。田中角栄首相が訪中前夜、湛山を見舞った足で北京に飛んだ事実は、日中国交正常化の原点が石橋訪中にある事実を雄弁に物語る（以下、強調は著者）。ただし遺憾ながら、日韓基本条約に関わる石橋流修正提案は活かされることがなく、日本と朝鮮半島との関係は、いま重大な危機に陥っている。

二　湛山の大局観——「時局雑感、問われるままに」

これは前年のいわゆる安保騒動からおよそ半年後に行われたものだが、湛山の大局観がよく引き出されている。たとえばロシア革命に触れて「（第一次世界大戦という）戦争が革命を起こしたのではなく、戦争に伴う失政から、国民に社会的、経済的不平不満が醸成するから（革命が起こったの）だ」。「自由主義の効果は、ある特定のイデオロギーにとらわれることなく、必要に応じて自由にそこから抜け出られるというところにある。社会主義者や共産主義者が因習にとらわれて、その思想を百年前とほとんど変えていないばかりでなく、実際の生活環境に適応した思想が持てないでいる。難問題の解決に行き悩んでいる原因はここにある」。社会主義や共産主義というイデオロギーはそもそも資本主義を批判する「進歩的思想」であったはずだが、湛山のみるところ、それは「因習にとらわれた」ものに堕していた。

大原が五九年の石橋訪中に触れて「あのころ、世間は意外な気持ちを抱いた向きが多かった。いまになってみれば、あたりまえのことになってしまいました」と発言したのに対して、湛山が「なんでもそうだが、早く出過ぎると損だね（笑）」と苦笑しているのは微笑ましい。損なことはやらないのが、普通の政治家だ。しかしながら、損を承知で大義のために動く、これが湛山の真骨頂ではないか。

湛山曰く「平和共存ということは、何も不思議はなく、平凡な真理をいったにすぎない。これが実現する時期は、そう遠くない将来だと私はみている」「（両体制は）将来は一つのものにならねばならぬ、とは人間の生活の方法であるということから、自然の勢いだ」。ここで「人間の生活の方法」や「自然の勢い」という言葉は、あまりにも平凡な語彙で見過ごされがちだが、このような原点から思考するのが湛山流の「思想の方法」であろう。

三　冷戦と両体制の収斂――「平和への私の提言」

この対話が行われた六一年後半はどんな雰囲気であったか。その前年に日本政治は岸内閣の安保改定で大きく揺れたが、後継の池田内閣は「国民所得倍増計画」を打ち出し、「寛容と忍耐」へ舵を切った。この池田スローガンに対して湛山のスローガンは「寛容と謙虚さ」である。権力側の「忍耐」を説く官僚政治家池田と権力側に「謙虚さ」を求める党人政治家湛山の思想とは、似て非なるものだ。

六一年秋、東ドイツはベルリンの壁の構築に着手し、東西緊張は翌六二年十月、キューバ危機として爆発した。他方東アジアに目を転ずると、六二年秋には高碕達之助が訪中し、廖承志との間で日中総合貿易覚書に調印し、いわゆるＬＴ貿易がスタートした。一方で東西冷戦構造がいよいよ固定化しつつある時点で、国交のない日中間では非政府間の貿易が始まり、湛山老はこの動きの象徴的な存在になった。

湛山曰く「ケネディ大統領もフルシチョフ首相も、ハラのなかでは平和共存を熱望している」「核実験停止も軍縮もやりたいと思っているし、相手国にあれほどひどいことばをたたきつける気持ちもほんとうはもっていないのではないか」。ではなぜそれができないのか。「みんなうしろに気を配らなければならない。うしろでひっぱる勢力があるのではないか」。フルシチョフ独裁の限界か、という問いに対して「独裁に徹していない。いやできなくなっているのではないかな。ケネディが独裁力を持ち、フルシチョフがもっと独裁に徹底できたら、平和の方向に進めるのではないか」。

湛山は大統領や首相が国民感情やそれぞれの右派勢力の意向を無視できない政治の現実を直視していた。決して単純な理想主義者ではない。いわば現実を見据えた平和主義であり、これこそが湛山の魅力であった。「（自由主義も共産主義も）もともとよりよい生活を与えるために考え出したものだし、お互いに長短相補って、結局、将来は一つのものになるということは自然の勢いだ。平和共存ということは平凡な真理にすぎない」。ここでも「平凡な真理」を繰り返している。この両体制の収斂理論（conversion theory）は、私の持論となり、『中国の夢』（花伝社、二〇一八年）の「おわりに」でも再論した（同書、二〇九頁）。

冷戦構造がいよいよ本格化し、翌年にはキューバ危機が起こり、ベルリンの壁が構築され、ベトナム戦争は北爆へエスカレートする国際情勢のもとで、湛山がこのような認識を披瀝していたことは、哲人政治家の真面目として特筆に値しよう。湛山は訪中の印象をこう語った。

> 一昨年（五九年）私が中国を訪問したとき、周恩来首相は（日本が）二つの中国をつくる陰謀に参加していると非難した。これは、米国が台湾を占領する蒋介石政権を、中国を代表する正統政府とし、わが国もサンフランシスコ平和条約以来、同様の見解をとっている。しかし、それは中国自身が現実に二つに分裂しているからで、その事実をそのまま認めれば何か陰謀を企てるかのように日本が非難されるのは甚だ迷惑至極だ。
>
> （周恩来によれば）台湾問題は中国の国内問題として平和的に解決する自信がある。それを故意に妨害しているのは米国だという。中国は米国の第七艦隊が軍事行動をとっていることが台湾問題を複雑にし、米中関係を悪化させている直接の原因だと非難する。米国の立場からすれば、中共が武力をもって台湾を攻撃する姿勢を示すからだというに違いない。

二〇一九年は石橋初訪中から、まる六十年目に当たるが、米中間の台湾問題をめぐる応酬はほとんど変わっていない。しかしながら、内外の諸条件は大きく変化している。米中間には国交が成立して四十年の歴史があり、貿易規模は大きく拡大して、それが摩擦を生んでいる。中国はまた国連安全保障理事会常任理事国の一員として国際的にも大きな地位を占める。

さて湛山は六十年前の訪中において周恩来を相手に、「日中米ソ平和同盟」を説いた。この構想を周恩来が直ちに受け入れることはなかったが、湛山の真意は届いたように見える。それが四年後の六三年再訪中、毛沢東会談につながった。湛山は当時日本国際貿易促進協会会長の任にあり、ＬＴ協定を後押しする狙いをもっていたことは、「今週の問題」に招かれた関係者の人脈等から明らかであった。なかでも松村謙三老や三浦銕太郎老の風貌が私の脳裏に残る。

四　リアリストのユーモア――「終戦二〇年の時点に立って」

湛山老曰く「まあ、よかったというところだろうね。幸運にも恵まれたが、よくもここまできたものだと思うよ。ゼイタクをいえばキリがないけど……」「戦争が終わって二〇年もたたないうちに、こんなになるなどとは、当時、夢にも考えられなかった」。

大原が湛山著『更生日本の針路』に示された「先見の明」を讃えたのに対してこう答えた。

いや、予測が当たったなどというのはまちがいだ。こんなに早く日本経済が復興発展し、このような姿になるなどとは、まったく思いも及ばなかったところだからね。これは、私ばかりでなく、だれにも全く予測できなかったところだ。

私が当時「前途洋々なり」といったのは理屈から考えて何ら悲観する余地はないということを、確信を持って主張しただけにすぎない。

それにしても、乏しい資源と人口過剰こそ日本経済にとって最大の悩みでありガンだという見方は、つい近年まで支配的だった。これに対し、私は「資源乏しきを憂えず、人口足らざるを憂える」ということばを説き、良質で豊富な労働力こそ、日本復興の原動力であり、国の宝だと提唱し続けてきたが、戦後二〇年たってようやく実証されたわけだね。

湛山のこの言は、終戦二十年目のものだが、終戦七十年後の今日、誰もが人口不足が経済不振の根因であるかのごとき言説の虜になり、対策困難と嘆くばかりである。湛山の論理を援用するならば、「人口足らざるを憂う」ではなく、「労働力の活用法足らざるを憂う」べきではあるまいか。

湛山は追放解除になった翌五二年、オーバー・ローン解消案を『東洋経済』に発表した。「昭和五、六年の恐慌を乗り切るために、高橋蔵相が金輸出再禁止のあと、時局匡救事業を採り上げた。土木事業が中心だったが、はじまりは大した効果は期待できないと見る向きも多かった。しかしそうではなかった。その後、軍事費の増嵩が加わって日本経済は活況を呈するようになったが、不況脱出のきっかけを与えた点で、あの時の土木事業はやはり相当の役割を果たした」と評価しつつ、「モデルの戦後版」を意図していた。

これを回想した当時、湛山は傘寿であったが、ジョン・スチュアート・ミルの『自伝』に触れてこう述懐した。

七、八〇年前ごろまでの英国の議会政治は相当ひどかったようだね。選挙にからまる腐敗は、今の日本以上だったらしい。しかし、辛抱強く、教育によってここまで育ててきたのだ。

ジョン・スチュアート・ミルが自叙伝の中で書いているが、ミルの若いとき、このような問題でしじゅう議論し、悲憤慷慨したらしい。しかし、もしも世の中が自分たちが考えたようになったら、何もすることがなくなっておもしろくなくなるかも知れない。要するに、しじゅう問題があって、それに苦言を呈したり、不満を述べている間が楽しい。人生はそういうものではないか。

ちょうど、仏教でいう極楽というものが実現したら、およそつまらないところであろう――昔そういった人がいるが、そんなものかも知れないね（笑）。

いかにもお寺に生まれた湛山らしいユーモアだ。こうも言っている。

もし米ソ大戦争が起こったら、両国は今まで貯えた大小あらゆる核兵器を力いっぱい用い、おまけに遠距離から使えるロケット、はては大気圏外を飛ぶ宇宙船までを動員して戦うことは必然だろう。その結果は、おそらく両国ともに滅亡にひんする痛手を受けよう。

そればかりでなく、その他の諸国もまた、結局人類死滅の道づれをまぬがれない。

平和への危機を一方では危惧しつつ、湛山は「核拡散はあくまで避けるべきだという点に関するかぎり、米ソは完全に意見が一致している。日本としては核兵器の全面的廃棄を主張し続けるよりほかない」と冷静であった。

なるほど、中共や北ベトナムからすれば、日本政府が米国に対して頭からはっきり反対するほうが、さっぱりしてよいかも知れない。しかし、日米関係の現実的諸条件は、なかなかそれを許さない。米国の言い分は一応わかるし、ムリもない点もある。しかし、それなら米国のやり方に賛成かといえばそうでない、日本としても迷惑だし、困ったことだ、遠慮してくれ、この程度のことしかいえない。

ジョンソン政府のやり方は、近衛内閣当時、蔣介石を相手にせず、といったやり方に似ているね。それに、米国の友人として考えても、北爆は支持できない。

資本主義が過去百年間に大きな変容を遂げたように、共産主義も変わりつつある。ソ連がそうであり、東欧諸国のそれはもっと大きいらしい。……日本の外交も、目先のことだけでなしに、もっと長期的な展望に立って推進すべきではないか。

ここには、両体制の激突かと危惧された時点における湛山流の透徹した両体制接近論が浮かぶ。原爆は「張子の虎」と喝破した毛沢東の言と一脈相通ずるものが感じられる。

五　東アジアへの眼差し――「中国・日韓問題を語る」

中国は六四年十月十六日に原爆実験に成功した。これを踏まえてその一年後の国慶節前夜に陳毅外相が記者会見でアメリカの「予防戦争」論（中国が強くならないうちにたたいてしまえという議論）に激しく反発する見解を述べて米中対立はにわかに厳しくなった。湛山はこう評した。

いまの状況をみていると、アメリカが日本を戦争に追い込んだときと非常に似ているね。日本がこの前の戦争で英米を相手に戦ったのは、半ば挑発に乗ったようなものだ。アメリカの態度がもう少し柔軟性を示していたら、戦争は防げたかもしれないと、私はいまでもそう考えている。

日本の軍部は、強そうなことをいったけれども、負け犬の遠吠えみたいなもので空威張りだった。戦争は必ずしも欲していなかった。東条でさえ戦争を回避したいと思っていたようだが、国民のてまえ、弱音を吐くわけにいかず、突っ込んでしまった。

われわれ反戦論者の働く余地をなくしてしまうほど、アメリカの追及はきびしかったからね。このことは、占領政策についてもいえると思う。

これは五一年一月、当時のダレス国務長官に宛てた手紙「米国に、いま日本は何を望むか」の一節だが、このなかで私は次のようにいった。（邦文の原稿と英訳を示しながら）——米国の諸君は気がついているかどうか知らないが、過去五年有余の米国の対日政策は、その責任者の、しばしばの声明とは異なり、ほとんど日本を奴隷化するに等しき、激しき独裁者的干渉を日本の内政に対して与えて来た。日本の社会秩序は、そのために、かき乱され、日本の経済復興は、そのためにはばまれ、反米にかり立てられ、日本共産党は、そのために、大いに勢力をつちかわれた。もし平和条約締結後も、なにかの機関を通して、米国が同様の方針をとって、日本に臨むなら（米国軍隊の駐在は、その危険を十分に、はらみ得る）、ただに日本民族が迷惑するばかりでなく、また米国のためにも不幸であろう。平和条約締結後は、言うまでもなく、それ以前においても、われわれは米国がかかる誤れる政策を、ただちに停止することを切望する――（原文のママ）。

訪日したダレスに対して「日本を奴隷化するに等しき、激しき独裁者的干渉を日本の内政に対して与えて来た。日本の社会秩序は、そのために、かき乱され、日本の経済復興は、そのためにはばまれた」と酷評した。米国のご機嫌とりに終始しているかに見える今日の日米関係からすると、湛山の直言は胸のすく思いがする。

「アメリカの予防戦争論」に対して、湛山はこうコメントした。

（先制攻撃は）もう遅い、やるならもっと前にやるべきだった。朝鮮戦争の時ならできたかも知れない。

米中戦争はないだろう。米軍が中国へ攻め込んだら、日本軍と同じように負けるね。アメリカはそれを知っているからやるまい。

（空爆は）できるだろう。しかしそれで中国を屈服させることはできないね。破壊はしてみたもののそれ以上、どうしようもないということではアメリカにとっても無益だからね。アメリカもそれほど盲目ではあるまい。

大原が中国に対してアメリカは原爆を使うかと尋ねたのに対して「使うかもしれない。しかし、もし使ったら、アメリカの負けだ」。

日韓問題に関する湛山の根本的な見解は、南北統一を前提に、というものであった。

日本が仲介して朝鮮統一の工作をしたらどうかね。そしたら、朝鮮人の対日観も変わるだろう。南北朝鮮の合作を日本が仲介して成功させたい。統一を条件に日本が援助を出すというのなら野党も反対しないだろう。

とにかく、ここまできて、ただ反対だけではしようがない。批准賛成派のなかにも心から支持しているわけではない人が多いのだから、こういうふうに修正したらどうだろう。あの条約を発展させて南北朝鮮の統一に努力するという条件をつけるわけだ。なんといっても南北朝鮮は一つにならなければうまくいかない。そこで、将来、統一のために日本が尽力するという条件をつけた上で批准案を通すわけだ。

六五年に結ばれた日韓基本条約におけるボタンの掛け違いに由来する誤解が次第に拡大し、日韓関係は、いま出口の容易に見出せない袋小路に陥った。

半世紀前に、湛山の提唱したような「条件付き折衷案」で与野党が妥協できたならば、朝鮮半島情勢は様変わりしていたのではないか。その後ベトナムは、武力による統一をなしとげ、東西ドイツは、ソ連崩壊を奇貨として平和的統一をなし遂げた。もし湛山の提唱する条件付日韓基本条約が実現していたならば、日本は世界に先駆けて、分断国家統一のよき先例を世界に示し得たはずだ。私は近著『習近平の夢』（花伝社、二〇一七年）第五章のタイトルを「非核・統一朝鮮の夢」と題したが、不覚にもこの発想の原点が湛山老の警句であったと注記することを忘れていた。

湛山は、岸信介元首相がアメリカの雑誌 *Foreign Affairs* に寄せた論文で、「日本の保守党は憲法第九条を削除し正式に再軍備ができるように大同団結すべきだ」と述べたことをこう批判する。

ぼくは第九条は削除すべきではないと思う。日本は丸腰で安全だ。いったいだれが侵略するというのかね。コミュニストは攻めて来ないよ。証明の方法がないんで困るが（笑）。

（岸が日本の言論の自由は行き過ぎていると書いたことについて）行き過ぎてなんかいない。

私は、むしろ、今の日本には言論の自由がないといったほうがいいくらいに考えている。みんなが、遠慮して、自分がほんとうに思っていることを率直にいわないではないか。岸君がそんなことをいうのは、岸君にとって都合の悪い言論が多すぎるということじゃないのかね。岸君は官僚だからそういう発想をする。

自由に、率直に意見を出しあっているうちに、おのずから落ち着くところに落ち着くものだよ。

岸流の官僚的発想を批判するジャーナリスト政治家湛山のスタンスは明らかだ。ただし、私は湛山がなぜ石橋内閣に岸外相を招き、自らの病気辞職後に、岸政権への禅譲を許し、石井光次郎政権への道を塞ぐ結果を導いたのか——これはいささか理解しにくい。遺憾ながら、大原はそこを聞いていない。

さて安保騒動から四十数年後に湛山の岸信介首相宛の私信（六〇年四月二十日付）が発見された。石橋内閣閣僚に「岸信介外相」を加えたことについて、昭和天皇から「この名簿に対して只一つ尋ねたいことがある。彼は先般の戦争に於いて責任がある。その重大さは東条（英機）以上であると自分は思う」と語った。

湛山は当時「百方辞を尽くして（天皇の）了解」を求めた由だが、この一幕を『昭和天皇実録』は「午前一一時、表西の間に出御され、内閣総理大臣石橋湛山の親任式を行われる。ご夕餐後表拝謁の間において内閣総理大臣石橋湛山より認証官任命についての内奏をお聞きになる」と記す。

初代宮内庁長官田島道治の『拝謁記』が報じられ、昭和天皇の戦争に対する「反省、三省」が重ねて明らかになった。歴史のｉｆだが、「石橋内閣に岸外相人事なかりせば、戦後日本にはもう一つの歩みがあったのではないか」という思いを禁じ得ない。

第二章　中国現代史再考——ロシア革命百年と文革五十年[1]

小稿は二つの部分からなる。前半は、徐友漁教授の報告「文革とは何か」（明治大学現代中国研究所編『文化大革命』白水社所収）についての応答である。後半は文革という隣国の政治運動が日本でどのように受け止められ、影響を与えたかについての同時代の記録である。

一　徐友漁「文革とは何か」に対する応答

徐友漁「文革とは何か」は、たいへん優れた中国政治の分析であり、教えられることが多い。感受性の強い青年時代に文革を体験し、そこで提起された諸問題に誠実に向き合いながら現代を生きている中国知識人の知的営為が率直に語られていることを知って感動した。

「五・七指示」と「五・一六通知」の間——〈文革の起源〉再考

徐友漁は文革期に行われた事象を十カ条挙げている。[2] これらは一九六六年の「五・一六通知」

から一九七一年九月の林彪墜死までの五年間に見られた現象である。中共中央のいわゆる歴史決議にいう文革期は一九六六〜七六年の十年を指すが、徐友漁がここで一九六六〜七一年を文革期としているのは、彼がこの時期こそが文革期であると認識し、一九七一年九月の林彪事件以後は「脱文革期」と認識しているからであろう。

これは妥当な時期区分である。中共中央が一九六六〜七六年を文革期としているのは、この時期についての内容評価を避けて、単にこの時期に「文革と称する動乱」が存在したと記述したのみで、内容に立ち入らない姿勢であることを示唆している。徐友漁が一九六六〜七一年を文革期としているのは、文革の理念あるいは綱領が追求され、徐友漁自身を含めて中国の若者が運動に立ち上がったのは、この時期であったからにほかならない。

さて徐友漁の文革認識の出発点は「五・一六通知」である。これは内容を一瞥すれば明らかだが、いわば「破壊の綱領」であり、「中国の内なるフルシチョフ」打倒を呼びかけたものであった。これとは正反対に、いわゆる「五・七指示」は「建設の綱領」であった。[3]

私見によれば、文革は破壊と建設の二つの顔をもつが、前者を象徴するのが「五・一六通知」であり、後者を象徴するのが「五・七指示」であった。実際に展開された文革は、ほとんど破壊（フルシチョフ修正主義の打倒）であり、建設の側面（中国のあらゆる組織を共産主義への学校とすること）は、破壊に覆い尽くされた感がある。「不破不立」というスローガンに即していえば、「（ブルジョア的な四旧を）破る」段階で力が尽きてしまい、「（共産主義の理想を）立てる」段階に到達する前に自壊・自滅した。

しかしながら著者は、隣国にあって、第三者として観察する China Watcher の立場であったことによって、徐友漁のように、運動に直接参加した者とは異なる視点で文革を見てきた。そのような著者から見ると、「五・七指示」を文革の原点と見るのがより妥当ではないかという見解になる。「五・七指示」と「五・一六通知」との時間差は、わずか十日間に過ぎない。しかしながら、破壊の側から見るか、建設の側から見るか、これは大きな違いとなる。「五・七指示」を文革の原点と見るならば、毛沢東の掲げた、追求した理想をはっきりと把握できる。しかしながら、「五・一六通知」は「われわれの身辺に眠るフルシチョフ」打倒の呼びかけであり、そこには理想（主義）はない。いま中国内外の大多数の論者は徐友漁報告のように、「五・一六通知」を文革の起点と見る。

著者はあえてその十日前、「五・七指示」を文革の原点と見たい。政治的目的とそれを達成する手段、政治的意図とその結果（帰結）については、特に失敗した場合に、手段の正当性が問われ、結果からその意図が論じられることが多い。これは当然だが、現代における社会主義運動（の失敗）を論ずる場合に、帝国主義の第三次世界大戦の可能性と、それに対する備えという危機意識を除外することは、対象を客観的に認識する妨げになる恐れがある。

実は「資本主義への移行」と「社会主義への移行」とは、人類史の発展段階という意味では共通する側面をもつが、決定的な相違点のあることを明確に再確認する必要がある。前資本主義から資本主義社会への移行は、共同体に浸透した商品・市場経済がしだいに共同体を解体して市場経済が代替する過程であった。

しかしながら、資本主義社会から社会主義社会への移行は、資本主義経済の胎内に社会主義的要素が生まれて、やがて代替するものではない。社会主義的要素が部分的に生まれたとしても、それは市場経済の力によって絶えず解体される。それゆえ社会主義への移行は「自然に、部分的に」行われるものではなく、[4] 社会主義革命を経て、目的意識的に社会主義的生産関係を構築していかなければならない。目的意識的理念に基づく現実社会に対する実践活動（働きかけ）という基本構造において、「理念と実践」との対立矛盾関係は、いかなる社会運動についても一般に見られることではあるが、社会主義運動や共産主義運動においては、とりわけ理念に導かれた実践活動が重視される本質があり、それは革命対象自体によって決定されるものと認識するのが古典的な社会主義・共産主義像であった。

毛沢東流にいえば、「認識（理論）⇩実践、再認識（理論）⇩再実践」の永続過程になる。毛沢東はこの文脈で共産主義への理念を「五・七指示」という分かりやすい言葉で提起したのであるから、文革はこの理念レベルから議論を始めるのが妥当なやり方である。

「羊頭狗肉」ではなく「竜頭蛇尾」――スターリン没後の社会主義

とはいえ、「羊頭狗肉」は世の習いであり、毛沢東は結局、「五・七指示」という羊頭を掲げて、

「奪権闘争」という狗肉を売ったに等しい。「五・七指示」の美辞麗句は、奪権の道具に過ぎず、もともとこれを追求したものではないと断定する評価がいま広く行われている。この風潮に対して私は異議を申し立てる。それはあまりにも、梟雄論的毛沢東解釈に過ぎる。あまりにも一面的な解釈ではないか、と。文革がその理念にもかかわらず、竜頭蛇尾に終わったのは、様々の条件や制約のためであり、竜頭蛇尾という結果だけから即断して「五・七指示」という理念まで否定するのは、その理念に導かれて行動しようとした人々の意志を踏みにじるものではないか。理念においても実践においても、現実の運動過程においては過ちは避けられない。それらはやはり一つひとつ検証する必要があり、「盥の水とともに赤子を流す」類の愚行は避けねばなるまい。

　徐友漁の十カ条のうち、「語録を振る個人崇拝」劇や「闘争会」等々、大部分は、毛沢東派紅衛兵あるいは造反派のやったことである。これに対して「血統論」は、文革初期に高級幹部の子弟、実権派子弟が造反派に対抗して、革命に貢献した老幹部の子弟は、紅衛兵として造反活動に参加する資格あり、と主張したものだ。

　これらの文革事象のうち徐友漁は「人権侵犯と傷害事件」を特筆して、①軟禁・査問された者四百二十万人、②殺された者百七十二万人（不正常な死、死刑に処せられたものではないが、軟禁査問中に死んだ者は、死刑十三万人の十三倍）、③死刑に処せられた政治犯十三万人――という数字を挙げている。要するに、四百二十万人が査問され、うち半分弱の百七十二万人が死亡させられたが、これは死刑者十三万人の十三倍である。これらはむろん被害者側からの文革告発である。このような「負の現実」がなぜ生まれたのか、それを軽視することは許されないが、これらの「負の現実」を絶対視して、ただちに文革全体の評価に及ぶならば、それは短絡のそしりをまぬかれない。負の側面に覆い尽くされたなかにも、同時に正の側面がないわけではない。

徐友漁は文革が起きた原因について、①政策対立説（新民主主義論を堅持した劉少奇 vs. 社会主義革命を急ぐ毛沢東）、②権力闘争説――という二つの見方を指摘しつつ、現実の文革は「政策対立と権力闘争」の両面からなると分析しているが、これは妥当な見方だ。

政策対立に決着をつけるのは「路線」闘争であり、これが「権力」闘争の勝敗に帰着するのは古今の革命史に見られる。スターリン没後、毛沢東は国際共産主義運動のナンバーワンを自任し、大躍進運動を発動したが、これは失敗し、飢餓を招き、声望を失った。

経済回復の過程で劉少奇の声望が高まったのは自然な成り行きだ。では、「声望の高い劉少奇」はなぜ敗れたか。その理由として徐友漁は、①大衆が事情を知らなかったこと、②毛沢東は陰謀で劉少奇をペテンにかけた――と分析する。すなわち一九六六年五～六月、毛沢東は北京を離れ（武漢東湖賓館に身を潜め）、劉少奇に日常工作を委ねた。劉少奇は北京大学の騒動について「工作組を派遣するという共産党にとって伝統的なやり方」で処理して、学生の反発を受けた。ここに見られる「学生の反発や抵抗」が自然発生的なものというよりは「中央文革小組により、仕組まれたもの」である事実もいまでは明らかになっている。

シモン・レイの著書は、「西太后が義和団を操縦したやり方」と「毛沢東が紅衛兵を使ったやり方」は似ているとする。[5] 毛沢東が「自らの統治下で生じた民衆の不満」を「政敵の責任」として相手側になすりつけたと指摘した箇所を徐友漁は引用した。これは西側の人々にとっては分かりやすい説明ではあるが、当時大陸を追われて香港に逃れたカトリック神父[6]のシニカルな観察であり、その例示により説明することに著者は違和感を感ずる。

日本では故大宅壮一の「ジャリ革命」の表現が一世を風靡した。[7] これらは外部世界で広く受け入れられた見方ではあるが、数少ない情報から文革を受け止め、揶揄したものに過ぎない。西側でそのような評価が行われたことは事実だが、これは文革の一断面に過ぎない。

徐友漁は、文革について理想社会を実現するというスローガンを掲げつつ、結果的には「専制政治を強化した政治運動」ととらえる。理想社会づくりという「羊頭」を看板に掲げて、実際には「狗肉」を売る商法、悪徳商法はしばしば見られる。では、毛沢東が「理想社会の実現」を掲げたのは、「専制政治の強化」という目的を隠すためであったのか。私見によれば、ここに文革評価の大きな分岐点がある。「秦の始皇帝の百倍も焚書坑儒した」[8]とは、毛沢東自身の開き直りだが、専制政治の強化という一つの帰結から文革を総括するのは、一面的な評価ではないか。

毛沢東の発想を内在的に読むならば、これは文革の理想が実現できず、失敗した結果として、

「専制政治の強化に帰結した」と受け取るのがよい。「羊頭狗肉」ではなく、まさに「竜頭蛇尾」と私は解する。竜頭を描こうとして、結果的に蛇尾に終わった。革命や社会主義建設とは、元来目的意識的行為であり、理念に導かれて運動を起こす。しかしながら、その運動がただちに成功するとは限らず、往々失敗に終わる。

文革の失敗という現実を腑分けして、原因を探ることは必要だが、ここから「文革理念自体を疑う」見方には賛成できない。毛沢東が「理想社会の実現」を提起した時、中国内外の人々がこの理念に共鳴し、行動を起こしたのは、当時の国際情勢のもとで、確かにそのスローガンが反帝国主義戦争という時代の要求に適合したからと著者は見る。当初の共鳴者は次第に、運動過程の推移につれて離れ、やがて失敗につながる。こうして文革が結果的に「専制政治の強化に終わった」と見る事実認識を否定するものではないが、この帰結は当初から意図したものではなく、あくまでも結果論であろう。毛沢東の「五・七指示」に見られる意図（初心）と政治的失敗という帰結を腑分けして検討すべきと考える。

「造反」の様々なる意匠——独立意識から超修正主義まで

文革後の情況を人民・公民・市民の側から見ると、その「独立意識」が強まり、他人の「思考を借りる」のではなく、自ら思考する人々が成長した。これは人々が文革から学んだ最も貴重な政治的体験であるが、これは造反の経験から生まれた。造反を通じて、共産党＝神聖・無謬論が否定され、中央指導部の権威が喪失した。毛沢東はスターリンの権威・亡霊に悩まされつつ、中国革命を進めた。大躍進運動や文革は、毛沢東から見ると、中国独自の道の模索を意味した。そして文革は、中国の若者からみて、毛沢東の権威を含めて「すべては疑い得る」というマルクスの座右の銘を再確認する機会となった。

「中国の若者たちが社会主義を疑うことを学んだことが文革の最大の教訓であった」と著者吹は、小著『文化大革命』の結びで書いた。

すなわち、「文革は現実の社会主義に対して、まず修正主義論の角度から疑問を提起し、次いで社会主義の内実を根底から懐疑する精神を植えつけ、中国の近代化を根本的に再考する契機を与えた」、「中国の若者たちは、いま毛沢東型社会主義を反面教師として二一世紀の中国社会のあり方を模索している」と（二〇八頁）。

エンゲルスは『空想から科学へ』においていわゆる空想的社会主義とマルクス主義との一線を画すものとして、科学的社会主義論を唱え、そこから前衛党の「科学性」を強調した。その結果「前衛党神話」が人々の思考を束縛するようになった。挫折したとはいえ毛沢東が「五・七指示」に象徴されるような社会主義の理想を再提起することによって、「スターリニズムの神話」を破壊した功績は大きい。

神話批判が毛沢東に始まるのではないが、毛沢東以前のスターリニズム批判は、これに対置する実践運動を欠いていた。毛沢東の場合は、中国的社会主義、あるいは社会主義への中国の道というオルターナティブを具体的に提起したことによって世界の社会主義運動に衝撃を与えた。一九六六年に毛沢東の挑戦を受けて、修正主義あるいは社会帝国主義と断罪されたソ連社会主義体制は、その後二十五年しか維持できず、一九九一年に解体した。

紅衛兵たちの挑戦を受けながら、生き延びた中国社会主義（修正主義）は、ソ連とは違って解体の道を歩むことはなかった。なぜか。計画経済体制の枠組みのなかに「市場経済を密輸入した」ことによる。リーベルマン流の利潤導入を修正主義と呼ぶならば、市場経済を全面的に導入した中国経済は、超修正主義であり、資本主義経済と変わらない。それによって生産力の発展＝経済発展に成功し、米国経済の規模に迫る経済大国に成長した。

中国の歩みは、生産力・生産関係の構図から見ると、次のように説明できよう。

かつて文革期には社会主義的生産関係を一面的に強調する結果、「生産力の発展」を妨げる帰結をもたらした。そこで「貧困の平等」「平均主義」に陥ったと批判され、中国の経済政策は、鄧小平の白猫黒猫論に代替され、生産力重視に軌道を修正した。文革期に「修正主義経済学の元祖」として投獄された経済学者孫冶方[9]や顧準[10]の主張した「価値法則」（後述）を名誉回復させ、その調節メカニズムを容認した結果、生産力が勢いよく発展した。この過程で生産関係は、名実共に「資本・賃労働」関係に再編された。[11] 諸階級間の所得格差は空前に拡大し、その格差は新たな要因として労働者や資本家に対してより高い賃金や利潤を求めて移動するように迫る。一連の自動メカニズムによって資本・賃労働からなる生産関係はますます強化された。

こうして、毛沢東時代の「生産関係の一面的強調」から一転して、鄧小平時代には「生産力の一面的強調」へと振り子は大きく揺れた。

徐友漁は「文革への誤解」に基づく郷愁ムードの危険性を警告する。文革が「腐敗をなくし、社会を清掃した」と見るのは誤解だ。中国には「第二の毛沢東を夢見る者」（習近平を指すか）があり、多くの者が「内心の深いところで、プチ毛沢東である」という。この一句は卓抜な警句だ。この種の「中国的心情」を捉えることによって毛沢東は人々を動員できた。民主化運動を構想する側もまた、この心情を巧みに捉えることなくして政治的多数派を形成することはできまい。徐友漁の結論は、総じて文革は「中国の悪夢」であり、習近平のいう「中国の夢」がこの悪夢につながってはならないと結ぶ。

二　隣国日本から見た文化大革命

毛沢東の文革理念――「五・七指示」への共鳴

「五・七指示」は解放軍総後勤部の農業副業生産についての報告に対するコメント（原文＝批示）として、毛沢東が林彪宛て書簡の形で書いたものである。一九六六年五月十五日に全党に「通知」されたが、その際に歴史的意義をもつ文献であり、マルクス・レーニン主義を画期的に発展させたものと説明された。六六年八月一日付『人民日報』社説（「全国は毛沢東思想の大きな学校になるべきである」）のなかで、その基本的精神が説明された。この社説から当時の「五・七指示」の描いた共産主義モデルは次のようなものだ。仮タイトルをつけて全文を引用する。

①世界大戦の有無にかかわりなく「大きな学校」を作ろう——世界大戦が発生しないという条件のもとで、軍隊は大きな学校たるべきである。第三次世界大戦という条件のもとにあっても、大きな学校になることができ、戦争をやるほかに各種の工作ができる。第二次世界大戦の八年間、各抗日根拠地でわれわれはそのようにやってきたではないか。

②軍隊は「大きな学校」たれ（共産主義への移行形態としての「大きな学校」）——この大きな学校は、政治を学び、軍事を学び、文化を学ぶ。さらに農業副業生産に従事することができる。若干の中小工場を設立して、自己の必要とする若干の製品、および国家と等価交換する製品を生産することができる。この大きな学校は大衆工作に従事し、工場農村の社会主義教育運動に参加し、社会主義教育運動が終わったら、随時大衆工作をやって、軍と民が永遠に一つになることができる。また随時ブルジョア階級を批判する文化革命の闘争に参加する。こうして軍と学、軍と農、軍と工、軍と民などいくつかを兼ねることができる。むろん配合は適当でなければならず、主従が必要である。農、工、民の三者のうち、ある

部隊は一つあるいは二つを兼ねうるが、同時にすべてを兼ねることはできない。こうすれば、数百万の軍隊の役割はたいへん大きくなる。

③労働者のやるべきこと――同様に労働者もこのようにして、工業を主とし、兼ねて軍事、政治、文化を学ぶ。社会主義教育運動をやり、ブルジョア階級を批判しなければならない。条件のあるところではたとえば大慶油田のように、農業副業生産に従事する必要がある。

④農民のやるべきこと――人民公社の農民は農業を主とし（林業、牧畜、漁業を含む）、兼ねて軍事、政治、文化を学ぶ。条件のあるときには集団で小工場を経営し、ブルジョア階級も批判する。

⑤学生のやるべきこと――学生も同じである。学を主とし、兼ねて別のものを学ぶ。文を学ぶばかりでなく、工を学び、農を学び、軍を学び、ブルジョア階級を批判する。学制は短縮し、教育は革命する必要がある。ブルジョア知識人がわれわれの学校を統治する現象をこれ以上続けさせてはならない。

⑥第三次産業のやるべきこと――商業、サービス業、党政機関工作人員は条件のある場合に

はやはりこのようにしなければならない。

⑦この構想の性格について――以上に述べたことは、なんらかの新しい意見だとか、創造発明だとかではなく、多くの人間がすでにやってきたことである。ただ、まだ普及していないだけなのだ。軍隊に至ってはすでに数十年やってきたが、いまもっと発展しただけのことである。

「五・七指示」の内容を分析すると、その核心は「分業の廃棄」である。マルクスは『ゴータ綱領批判』のなかで、分業から解放され、個人が全面的に発展する社会を構想している。毛沢東はここでマルクスにならって、「分業の廃棄」を強く打ち出している。ただし、マルクスは資本主義社会の到達した高度の生産力を前提として分業の廃棄を考えたが、毛沢東の場合は中国の遅れた経済、自然経済を多分に残した段階でそれを提起した点で、とりわけ日本の左翼知識界に衝撃を与えた。生産力の「発展段階を軽視した」点でいえば、毛沢東を空想的社会主義者と見る向きは当時から少なくなかったが、ソ連型社会主義＝スターリニズムが社会主義の理想とはるかに隔たっている現実に失望し、社会主義への展望を見失っていた当時の日本の左翼世界において、毛沢東の文革理念は衝撃をもって受け取られた。

当時の国際情勢──ベトナム戦争から第三世界のゲリラ闘争へ

これにはもう一つ、当時の国際情勢が関わっていた。沈志華教授の新著『最後の天朝』(第七章)は、次のように描く。

▽林彪「人民戦争の勝利万歳」

一九六五年九月三日付『人民日報』は林彪署名の「人民戦争の勝利万歳」を掲げ、毛沢東の農村から都市を包囲し、武力で政権を奪取した中国の経験がアジア、アフリカ、ラテンアメリカの革命闘争に「普遍的かつ現実的な意義をもつ」と主張した。中国のゲリラモデルの世界的展開による世界革命の提唱であった。この「革命外交」により、インドネシアで九・三〇事件(軍事クーデタ未遂事件)が起こる。毛沢東は一九六七年一月十七日、マラヤ共産党チェン・ピンに対して「五四年のジュネーヴ協定は間違いだ、この会議後に中ソ両党がマラヤ共産党に武装闘争の放棄を求めたのはデタラメ指示であり、武装闘争こそが正しい」と力説した。[12] 六七年七月二日付『人民日報』はビルマ共産党の六月二十八日声明を全文掲載した。六八年三月二十九日付『人民日報』一面は「毛主席の鉄砲から政権が生まれるという学説の威力は無比である」との見出しでネ・ウィン政権の打倒を呼びかけた。六一~六五年に第三世界の七十四政党から三百七十四回にわたり千八百九十二人を受け入れ、ゲリラ戦の戦略戦術を指導した。[13]

▽ゲリラ戦支援

一九七一年タイ共産党のゲリラ戦に協力するため顧問と軍事専門家を派遣し、七二年と七四年にフィリピン共産党に武器を輸送した。[14]六七年三月二十日、林彪は軍団長級以上の幹部会議で「中国が倒れなければ、世界は希望がもてる」「中国が赤の海になれば、欧州全体が赤色に染まるに等しい」と演説し、毛沢東はその録音を紅衛兵に聞かせるよう指示した。[15]

▽世界革命の兵器工場たれ

一九六七年七月七日、毛沢東は「世界革命の兵器工場になるべきだ」と語った。[16]六八年五月十六日、毛沢東は「世界革命の中心は北京にある」との表現を批判し、「中国人民が自ら言うべきではない」「世界人民に言わせるのがよい」と指摘した。六六年九月九日、ウィーン駐在中国大使館を批判した紅衛兵の文を評価して「すべての海外駐在機関は革命化を進めよ」と指示した。[17]

▽中国大使全員召還

一九六七年初めには中国の外国駐在大使は黄華仏大使を除いて全員召還され、大使館員の三分の一も学習のため帰国させられた。[18] 紅衛兵と造反派により六七年六月十八日インド大使館が破壊され、七月三日ビルマ大使館が破壊され、八月五日インドネシア大使館が破壊され、八月二十二日英臨時大使館焼き討ち事件が発生した。[19] 毛沢東はのちにスノーとのインタビューで「中国は全面的内戦に突入し、外交部はめちゃくちゃにされ、一カ月半くらいコントロールを完全に失い、その権力は反革命分子の手に握られた」と述べた。[20] 中ソ両党が分裂してから世界の大半の共産党はソ連側につき、中国共産党との交流を中止した(日共しかり)。

▽中米関係打開

百以上のＭＬ主義党が生まれたが、数年後に大半は雲散霧消した。[21] 一九六九年二月十九日、毛沢東は陳毅、徐向前、聶栄臻、葉剣英の四名の元帥に国際問題を、李富春副首相に国内問題の対策を求めた。七月十一日、陳毅ら四名が署名した「戦争情勢に関する初歩的認識」が周恩来に届けられた。報告書は中国を標的とする戦争が起こる確率は低い、中ソ対立は米中対立よりも深刻と見るものであった。九月十七日、陳毅は「米ソ間の矛盾を利用し中米関係を打開する必要あり」と提言し、[22] そこからピンポン外交が始まった。

日本に伝わる文革の衝撃波――「造反有理、帝大解体」

ベトナム反戦への市民意識は世界各地に広まった。特に沖縄基地から海兵隊が派遣される現実を身近に体験した日本においては、ベトナム反戦、ゲリラ戦線のアジア規模での拡大に対する関心は強かった。この結果、毛沢東の文革理念は世界ゲリラ革命という、本来は距離の大きな二つのコンセプトとして一九六六〜六八年の日本に届き、その受容は、たとえば一九六九年一月十八〜十九日の東大安田講堂籠城攻防戦でピークに達した。安田講堂屋上の一角にＭＬ（マルクス・レーニン主義を指す）旗が掲げられたことは、毛沢東の文革理念が日本の過激学生を鼓舞した事実を象徴していた。

しかしながら、日本のいわゆる「七〇年闘争」がピークを越えて低潮、自滅に向かう時点で、中国から伝えられるニュースは、かつては文革の核心と受け取られた「分業・階級廃絶」の理念とは裏腹に、造反派同士、造反派と実権派の武闘による混乱情報であった。やがて毛沢東の後継者に選ばれた林彪将軍の墜死事件が報道され、日本の左翼運動界では誰もが文革の破産、あるいは文革の終焉を認識して、文革について口を閉ざすようになった。

林彪事件と相前後して日本全体をよりいっそう衝撃の渦に巻き込んだのは、ピンポン外交とニクソン訪中であった。ベトナム戦は和睦に近づき、代わって中ソ国境紛争の深刻化という「国際環境の変化」は理解するにしても、仇敵米帝国主義を歓迎する毛沢東の超現実外交に接して、日本の新旧左翼は中国社会主義への幻滅を隠さなかった。旧左翼・日本共産党は一九六六年三月二十八日の毛沢東・宮本顕治首脳会談以後、すでに数年にわたって関係を断絶していたが、その断絶構造はいよいよ定着した。その結果、日中友好協会は二つの組織に分裂し、交流のないまま友好を称する組織がその後も存在し続け、左翼界分裂を象徴した。

一九七一年のニクソンショックを契機とした田中角栄訪中前後から、日中交流は左翼民間交流から、政府間交流ルートに転換した。ここで日中交流の象徴として「パンダ・ブーム」が起こり、国民的話題として語られたが、パンダ人気は、社会主義を志向する人々の中国への関心を逆に薄れさせ、単なる隣国間交流へと変容した。その過程で、中国通で有名な二人の作家、武田泰淳と堀田善衛が「私はもう中国を語らない」と信条告白を行ったことは、新旧左翼に広く受け入れられたように見える。[23] この潮流に抗して、仮に「中国を語る」者があったとしても、「中国社会主義を語る」ことはほとんどなくなり、とりわけ文革論は封印された。まもなく一九七六年春、周恩来が死去し、秋には毛沢東が死去し、晩年の毛沢東体制（脱文革期の体制）は、四人組逮捕をもって瓦解した。日本人は誰もが文革の終焉と毛沢東時代の終焉を知り、ポスト毛沢東時代における中国の行方に不安を抱いた。

観察者・矢吹から見た文革

▽『文化大革命』と『チャイナ・クライシス』の頃

一九七六年の毛沢東死去から十年を経た一九八六年、華国鋒という「繋ぎのリーダー」は早くも忘れ去られ、復活した鄧小平による脱文革は「改革開放」という新しい旗幟のもとで、本格的に始動していた。文革遺制から脱却する政治的目的を秘めて、文革理念とは裏腹の否定的事実、負の現実がこれでもかといわんばかりに大量に暴露された。とりわけ各地の武闘という惨劇は、紅衛兵や造反労働者がほとんどならず者であり、彼らによる乱暴狼藉が文革の実質だと誇張して伝えられた。ここで、多少なりとも残っていた文革幻想は、完膚なく破壊された。その極致に人食い騒ぎが含まれる。[24]

「建国以来の党の若干の歴史問題についての決議」が採択されたのは、一九八一年六月二十七～二十九日の十一期六中全会だが、そこで「文革十年」（一九六六～七六）が「挫折と損失」のみと評価され、以後陸続と文革の「負の現実」が日本に伝えられるに及び、文革への幻想や思い入れは、ことごとく打ち砕かれ、一九八六年＝文革二十年を迎えた。

私はこのころ、「文革とは何であったか」について私自身の認識を整理するために、講談社現代新書『文化大革命』を書いた。そこではまず文革の理念を文革派の問題意識に即して説明し、次いで文革の帰結を文革批判派＝実権派の立場に即して記述した。結びは、反右派闘争以来投獄され、一九六八年四月二十九日に上海で銃殺された林昭の最期であった。[25]

改革開放の進展とともに、単に経済改革だけではなく政治改革を求める声が次第に大きくなり、一九八九年六月、天安門事件が起こった。[26] これは文革の造反有理を直接継承するものではなかったが、鄧小平はこのとき、文革の悪夢を想起して、学生の動きを「動乱」と認識して、解放軍に鎮圧を命じた。

この天安門事件に際して、著者は、仲間と共に[27]『チャイナ・クライシス』シリーズ全五巻を編集した。[28]著者はもともとスターリンの『経済学教科書』から社会主義経済研究をスタートし、さらにこれを批判した毛沢東『ソ連経済学教科書読書ノート』『社会主義建設を語る』を翻訳して[29]、中国の社会主義経済を研究する立場から、毛沢東と劉少奇の経済政策における対立とその帰結へと研究を進めた。そこで劉少奇らの経済政策を支える理論が孫冶方や顧準にあることを知った。孫冶方はスターリニズムの経済政策の過ちの根本は「価値法則」を無視した点にあると分析したが、「利潤の名誉回復」を主張し[30]、これは康生によって「修正主義経済学者リーベルマンよりも、よりいっそうリーベルマン的」と攻撃され、長く投獄された。

▽毛沢東の「主観能動性」哲学と経済原則

毛沢東は「主観能動性」哲学を鼓吹した結果、経済活動を混乱させ、餓死を招いたが、これを経済的土台の上に再建する提案が挫折することによって、経済活動はますます混乱した。いわゆるスターリン論文『ソ連における経済的諸問題』が提起した「諸法則」の核心は、資本主義経済の根底にある「価値法則」だが、これを尊重しつつ計画経済を行わなければ、主観主義、観念論に陥ることは明らかだ。

毛沢東の人民公社や大躍進政策が失敗したのは、客観的経済原則を無視して、主観能動性の名において、現実から乖離した理念が暴走したことによる。価値法則とは「あらゆる経済社会の経済原則」であるとともに、「資本主義社会における特有の経済法則」として機能するものだ。これを社会主義経済に適用するのは、「価値法則の側面」ではなく「経済原則の側面」である。しかしながら、両者の腑分けは理論的にも実践的にも容易ではない。

▽「経済原則を踏まえた計画経済」と「価値法則に基づいた計画経済」との間

「経済原則を踏まえた計画経済」を樹立せよという主張が、「価値法則に基づいた計画経済」と表現され、それはただちに「資本主義の復活」をはかるものと逆襲された。要するに資本主義経済の価値法則を止揚し、経済原則を重んじた計画経済という政策が現実には、経済原則を無視した主観的観念的計画に堕落して、飢餓を蔓延させた。

中国の場合、上海の名門簿記学校出身の顧準は、簿記会計学と経済活動の関係を学ぶことから出発したので、経済原則[31]を踏まえた計画経済の意味を最も深く理解していた。そのような優れた経済学者、経済政策論者がその学説のゆえに二度にわたって右派分子とされた。文革期の経済政策は生産力を軽視して、生産関係のみを突出させた。鄧小平の生産力論（白猫黒猫）は、生産関係一辺倒の間違いを是正する試みであり、これは商品経済・市場経済への転換の転轍機となった。

▽文革から得られた「自主管理社会主義」論

生産手段の私有制改革以後に行われる社会主義的生産過程（労働過程）がなぜ「支配・従属」関係に変化するのかという問題は、様々の角度から日本でも議論が行われていた。ソ連型社会主義の批判として、一方ではユーロ・コミュニズムの潮流があり、他方に文革の提起した生産関係についての新しい解釈が人々の関心を集めた。

このような試みは国の内外にいくつも存在したが、私自身がコミットしたのは「労働者自主管理研究会」であった。この研究会の活動として大内力訪中団が訪中したのは一九七九年四月十六〜三十日であった。大内以外のメンバーは、佐藤経明[32]（横浜市立大学）、新田俊三（東洋大学）、海原峻（パリ第七大学）、斎藤稔（法政大学）、馬場宏二（東京大学）、中山弘正（明治学院大学）、そして矢吹が秘書長を務めた。[33]

このメンバーはユーロ・コミュニズムの研究者からソ連東欧研究者まで、各分野の専門家を網羅していて、脱文革から改革開放期に至る中国経済の諸側面をヒアリングし、意見を交換した。論点は多岐にわたり、十分な総括には至らなかったが、文革で提起された生産管理の問題を「労働者自主管理（autogestion）」というコンセプトで把握することの意味を探求するという問題意識をメンバーは共有していた。

中国現代史における文革

▽反米毛沢東モデル（一九六六年）から米中対話への大転換

毛沢東の文革モデル（一九六六～七一年）は、一九七二年のニクソン歓迎を機として中米平和共存路線に転換し、ポスト毛沢東期には既存の計画経済体制に市場経済を密輸入する「社会主義市場経済」なる体制にさらなる大転換を見せた。

中国における市場経済の導入は、ソ連解体以後の世界市場経済の変化[34]を背景として、中国経済を量的に飛躍的に発展させ、米国に次ぐ経済大国に押し上げた。ただしこれは資本主義的経済発展であり、社会主義という生産関係とは無縁なもの、この「社会主義」という形容句は単なる飾りと見るべきである。

▽計画経済から市場社会主義（Market Socialism）への模索

ロシア革命史研究の専門家渓内謙が『現代社会主義を考える』[35]を書いた前後から、「現実に存在する社会主義」の実態分析が試みられるようになり、社会主義像の理念から大きくかけ離れた現存社会主義のあり方が具体的に分析されるようになり、ユーロ・コミュニズムや「自主管理社会主義（ユーゴ型等）」などをスターリン型「国家社会主義」に対置する社会主義論が活発化した。

中国の「社会主義市場経済」に対して、著者は「限りなく資本主義に近い社会主義[36]」と名付け、その後「限りなく資本主義に近い中国経済」「国家資本主義体制」と認識をより深化させた。より一般的には「ポスト社会主義」[37]「移行期経済」等の呼称が広く行われた。

▽Market Socialism から Global Capitalism への道

Market Socialism への道をリードした東欧三カ国（ハンガリー、チェコ、ポーランド）は、ソ連の解体後に、ＥＵに加盟して、Market Socialism が Global Capitalism 体制に参加する上での「過渡的、移行期のシステム」にほかならないことを「事後的」に明らかにした。すなわち Market Socialism の到達目標は、（Market）Capitalism にほかならず、ここで Socialism を付したのは、政治的マヌーバーにほかならないことが事後に明らかになった。

▽共産党指導下の Market Socialism は中華民族の復興を目指す

中国の「社会主義市場経済」は、本質的に東欧の Market Socialism と同じだと著者は見てきたが、ＷＴＯやＩＭＦに参加した後も、そして二十一世紀初頭に習近平体制が成立した後も、政治面では共産党の指導体制を堅持している。ただし、その中国共産党が共産主義を目指す組織か否かは明らかではない。今この政党が掲げているのは、「中華民族の復興」である。民族の「復興自体」が問題なのではない。復興した民族のその後の行き先が「社会主義なのか、社会帝国主義なのか」、そこが問題である。

主観能動性と価値法則・再論

▽李達の唯物弁証法と毛沢東の主観能動性

帝国主義戦争に抗するゲリラ戦争において、「主観能動性」の要素が大きな、決定的な役割を果たすことはいうまでもない。そして全国的政治権力の奪取後に進める建設（たとえば五カ年計画）においても、その建設が目的意識的な行為であるからには、主観能動性の役割が大きい。

しかしながら、主観能動性の役割を価値法則の客観的な作用を無視するところまで強調すると、客観的な市場経済の原理によって復讐される。毛沢東の主導した大躍進運動が客観的経済原則を無視したことにより、広範な飢餓を引き起こした当時、中国共産党創立以来の党員で、『実践論・矛盾論解説』の著者である李達（当時武漢大学学長）は、一九五八年に武漢東湖賓館に滞在中の毛沢東を訪ねて主観能動性の一面的な強調により、観念論、主観主義に陥ったと批判した。[38]

文革の前夜一九六四年十一月に哲学者艾思奇[39]が楊献珍[40]を批判する「合二而一」論争が起こったが、これは政治の文脈では、ソ連修正主義と袂を分かつ毛沢東の道を合理化する艾思奇とこれに同意しない楊献珍の論争にほかならない。哲学論争とよぶよりは政治論争そのものであった。

▽「利潤の名誉回復」を提唱した孫冶方と顧準の運命

経済の分野では、毛沢東流の「主観能動性」を価値法則に依拠して批判した二人の経済学者がいる。孫冶方（一九〇八～一九八三）はモスクワのクートベに学び、一九五六年に価値法則と「利潤の名誉回復」を提唱した。孫冶方は「リーベルマン以上にリーベルマン的だ」と受け取られ投獄された（一九六八～一九七五）。

顧準（一九一五～一九七四）は、上海の著名な「立信会計事務所」で会計学を学んだ体験からして、経済原則を企業経営の現場から観察する能力を身につけていた。一九五六年に「社会主義制度下の商品生産と価値法則」を書いて主観主義を批判し、経済計画の根拠として価値法則を重んずべきことを指摘して「右派分子」とされ、一九六五年には「極右派」の烙印を押された。

いずれも価値法則を無視した大躍進運動が経済の運営を破壊した現実を理論的に批判するものであった。

政治的には彭徳懐の意見書（一九五九年廬山会議に提出）「大躍進は経済的に引き合わない」とする見解が最も有名だ。大躍進運動は主観能動性の一面的強調が経済原則を破壊したことによって失敗したものであるから、批判者の側に正義があったが、毛沢東は批判者の正義を認めようとせず、文革を発動した。

こうして林彪失脚までは、大躍進批判に対する反批判が組織的に行われ、多くの冤罪事件を引き起こした。毛沢東派による一連の反批判は、毛沢東個人崇拝の熱狂のなかで行われた要素も加わり、異常なものがあり、これを著者は「文革の狂気」と表現したことがある。

たとえば林昭は一九五七年「右派分子」として投獄されており、その後いかなる政治活動も不可能であった。にもかかわらず、彼女は文革の造反がピークに達した一九六八年春に、反革命分子という新たな罪状で銃殺された。彼女の社会主義への信念は一貫しているにもかかわらず、その罪状だけが「党内右派分子」から「反革命分子」に格上げされた。

冤罪事件の被害者の視点からすると、文革は二度と繰り返してはならない悲劇である。犠牲者から見るならば、そこには正当性のかけらもない。しかしながら、モスクワを司令部とする冷戦体制のもとで、あらゆる造反を封じ込める官僚主義システムが人々を抑圧していた諸矛盾を直視するならば、革命家＝夢想家毛沢東が「継続革命」を提唱したことによって現存する社会主義の欠陥や矛盾を剔抉した功績には否定しがたいものがある。

すなわちスターリニズムが「階級の廃絶」や「人間の解放」という目標から、はるかに隔たっていた現実の社会主義のもとで、毛沢東が打ち出したスターリニズム批判は、世界中に共鳴者を見出した。とはいえ、スターリニズムを批判した毛沢東がスターリニズムを克服できたかといえば、答はノーであろう。ソ連社会主義に見られた否定的な現実は、遺憾ながら毛沢東指導下の中国社会主義についてもあてはまる部分がきわめて多い。この現実を認識して毛沢東は、「官僚階級が人民の頭上にあぐらをかいて、人民にクソ、ショウベンをふりかける」と罵倒した。[41]

「二十世紀に現存する・現存した」社会主義の総括を語るとき、そこから何を教訓として導くべきか、課題は論者に応じて様々であろう。それは何よりも帝国主義戦争の最中で、この戦争に反対する人々を動員する戦略戦術として提起され、「飢えからの自由と平和への呼びかけ」によって、帝国主義戦争に対しては「辛くも勝利した」。しかしながら、そこで人々に約束した「社会主義の理想」と比べると社会主義体制下で現実に人々の獲得できたものが、約束された目標に到達したとは到底いえないことも明らかだ。

▽二十世紀社会主義の試行錯誤

人類のおよそ三分の一を巻き込んだ「二十世紀社会主義の試行錯誤」を「階級の廃絶」や「人間の解放」という壮大な目標に照らして点検するとき、そこには色濃く深く、帝国主義戦争の負の刻印が刻まれている現実に気づく。それゆえ、二十一世紀の人類の希望は、現存する（現存した）社会主義の止揚から始まるが、それは悪夢から覚めた後の希望にも似て、容易に把握しにくい。

現代資本主義のもとでの新しい飢餓や貧困、失業のあり方は、二十世紀のそれと比べてはるかに複雑であり、革命主体の形成は、はるかに大きな困難が予想される。それはもはや二十世紀型の革命という手段ではなく、漸進的な政治改革に依拠する可能性がより強まったと見てよい。

結びに代えて

現代資本主義経済システムは、すでに様々の福祉政策をビルトインしており、他方、中国の社会主義市場経済も経済発展の帰結として、今後は福祉政策に重点を置く条件あるいは余裕が生まれている。こうして従来は、大きな溝が存在すると見られてきた二つの体制間のイデオロギー的差異がしだいに縮小し、グローバル経済下で融合度を増し、いわゆる conversion theory（両体制間の相互接近、収斂）の要素が強まる反面、いまや宗教や民族主義の新しいナショナリズム対立が前面に飛び出した。米国の影響力の減退は明らかだ。中国経済は米国債を大量に買い支えることによって、いま「チャイメリカ」構造が成立したと著者は分析している。[42]

ここでＩＭＦが毎年発表している『貿易の方向（Direction of Trade）』（二〇一五年）を用いて、世界経済を貿易構造から一瞥すると、次の図を描ける。中国は米国に四千百七億ドル輸出し、千百六十一億ドル輸入したので、対米黒字（米国の赤字）は二千九百四十五億ドルであった。トランプが目の仇にしているのは、この数字だ。

中国からＥＵ向けの輸出は三千五百六十五億ドル、ＥＵからの輸入は千八百九十三億ドルである。中国の対ＥＵ黒字（ＥＵの赤字）は千六百七十二億ドルである。

中国からＡＳＥＡＮ諸国向けの輸出は二千七百八十九億ドル、輸入は千六百五億ドルである。

中国の対ＡＳＥＡＮ黒字（ＡＳＥＡＮの赤字）は千百八十三億ドルである。

以上を総括すると、中国は米国から約三千億ドルの黒字を稼ぎ、ＥＵとＡＳＥＡＮから三千億ドル弱の黒字を稼ぎ、二〇一五年に都合六千億ドルの貿易黒字を貯めた。その黒字は直接投資や証券類の買付に当てられるが、最大の投資先は米国の国債（Treasury Bills）の買付である。その残高は二〇一七年二月現在一兆四千億ドルに上る。[43]

トランプは対中貿易赤字をとらえて不公正なダンピング輸出と非難したが、まもなく非難を止めた。ＧＤＰの規模からすると適正な貿易額であり、かつその黒字の行方が米国債の買い支えに用いられているからだ。もし中国がこの米国債を売り払うならば、基軸通貨としてのドルの地位は失われ、米国内でのみ流通する国内通貨に格下げにならざるをえない。このような貿易構造を見ると、米ドルと中国人民元の補完関係により世界経済が成り立つことが分かる。

文革から半世紀を経て、中国はいまこのような地位にある。かつて毛沢東は世界革命の基地として、世界のゲリラ部隊に武器を届けると革命を呼びかけた。[44] 資本主義対社会主義の冷戦構造で世界経済が分極化の頂点に達した一九六〇年代から経緯を振り返ると、その三十年後にソ連が解体し、中国は市場経済への転換に舵を切り、今日の世界経済構造に収斂した。

ソ連解体当時、一時は「アメリカ経済の一人勝ち」という賛辞が溢れたが、「奢れるアメリカ経済は久しからず」の通りであった。リーマン破産で、本拠地ウォールストリートが占拠される騒ぎに陥った。[45] この直接行動を指導したグレーバーの著書『負債論』[46]が資本主義経済の長い終焉過程の始まりを説いて説得的だ。二〇一七年はロシア革命百周年である。この百年史に文革を位置づけると、武闘を含む手段によって人間解放を実現しようとする運動史の中間に位置していたことに気づく。

註

（1）小稿は二〇一六年十月十六日、明治大学で行われたシンポジウムの報告稿に加筆したものである。

（2）徐友漁の十カ条。1大学高校入試停止、2闘争会（対象）、3毛沢東個人崇拝、語録、4旧思想旧文化の破壊、5血統論（高級幹部の紅衛兵）、6革命経験の交流（大串連、無銭旅行）、7江青の様板戯（モデル京劇）、8英国大使館焼き討ち、9中高生の下放（知青下郷）、10林彪事件。

（3）矢吹晋『文化大革命』講談社現代新書、一九八九年、九二―九三頁。

（4）筆者はここで古典的な社会主義の図式を解説したが、第二次大戦後に生まれた構造改革論は、古典的な図式を修正して、資本主義の胎内に社会主義的要素を育てることによって換骨奪胎していくものであった。

（5）『毛沢東の新しい制服』現代思潮社、一九七三年。

（6）彼はその後、オーストラリアに移住し、その地のいくつかの大学で中国語教授を務めた。

（7）「大宅壮一氏らが見た中国 革命いまだ成功せず 対日認識には時代錯誤」読売新聞一九六六年九月二十六日夕刊二面。「【香港・星野特派員二五日】大宅壮一氏を団長に大森実、三鬼陽之助、藤原弘達、梶山季之氏らからなる「中国ノンフィクション視察団」一行が、二五日香港に帰ってきた。二六日間の大陸旅行で一行が下した中国診断は、前日の自民党議員団とはうって変わったきびしいものである。一行は文化大革命を中国製空想マルクス主義と断じ、新毛体制にしても、いわば毛沢東主席を奪い合うタックル競争の最中で、いまは林彪副主席が主導権を握っているが、先はわからないとして、中国の現状を「革命いまだ成功せず」「歴史的曲がりかど」にあるとみている。……大宅「紅衛兵運動は一種のジャリ革命ないしはレジャー革命といえる。外国では大学生がリードするが、こちらは中学、高校生が主体だから、知的レベルが低い。一般民衆はソッポを向いている。それだけに、おとながどう考えているか疑問である。第一に、文化大革命そのものが常識はずれだ。戦争中の国家総動員みたいなものだ。……マルクス・レーニン主義と毛沢東主席の関係をいうなら、日蓮と創価学会の池田大作氏の関係といえよう。しかも、第一の敵はソ連で、反米は当て馬とみた。将来、超軍事大国になる可能性がある」。

（8）「秦始皇算什麽？ 他只坑了四百六十箇儒，我們坑了四万六千箇儒」。一九五八年五月八日「八大第二次会議第一次講話」『毛沢東思想万歳』丁本、一九五頁。

（9）矢吹晋「孫冶方のスターリン経済学批判」『二〇〇〇年の中国』論創社、一九八四年、所収。

（10）矢吹晋「日本から見た文革の衝撃を再考する」『情況』二〇一六年十二月、第三号。

（11）トロツキー派はスターリニズムの官僚制を厳しく批判したが、これをミロバン・ジラスと違って「新しい階級」とは認定しなかった。現代中国においては株式制が公認され、株式保有を通じて生産手段を私的に所有できる。これによって官僚たちは「新しい階級」に成長したと著者は見ている。本書第三章参照。

（12）「毛沢東陳平会談記録」沈志華。

（13）『軍事工作大事記』上四五三―四、四五九、四六八―九、四七六頁。

（14）中連部辦公庁編『中連部老部領導談党的対外工作』八三頁。

（15）『中国共産党執政四十年』二九一頁。

（16）『毛沢東思想万歳』丁本、三一八―九頁。

（17）『毛沢東文稿』十二冊一一八―九頁。

（18）楊公素『一個外交特使的回憶』二九一―二頁、馬継森『外交部文革紀実』六八―九頁。

（19）『砸爛旧世界』五六一―四頁。

（20）『毛沢東文稿』十三冊一六三頁。

（21）『中連部老部領導談党的対外工作』四二頁。

(22) 金沖及編『周恩来伝』二〇三九―四〇頁。

(23) たとえば作家武田泰淳と堀田善衛の対話『私はもう中国を語らない』朝日新聞社、一九七三年は、その風潮の代表と見てよい。

(24) 著者は作家鄭義の書いた『紅色紀念碑』を読み、初めて広西自治区の事件を知り、驚いた。大躍進期の政策の過ちが飢餓をもたらした事件はスターリンの農業集団化が穀倉ウクライナで飢餓死亡事件をもたらした歴史と同じだが、文革期の広西チワン族自治区の人肉食は、明大シンポにおける宋永毅報告のように、飢饉による動機ではなく、人肉食による英雄化・自己強化・治病など、呪術的な発想による動機だったことで改めてわれわれを驚かせた。

(25) 矢吹晋『文化大革命』一九八九年十月、二〇二頁。林昭（一九三二年十二月十六日～一九六八四月二十九日）は、北京大学在学中の一九五七年右派分子に認定され、文革期に反革命分子として銃殺された。その後四半世紀を経て、土屋昌明の紹介を通じて胡傑の映画『林昭の魂を探して』（ＤＶＤ版）を知り、改めて深い感動を覚えた。

(26) 文革の造反精神を想起して、中国政治の民主化を求めたもの。

(27) 編集に直接参加したのは、蒼蒼社社主中村公省を中心に、白石和良、村田忠禧、高橋博等だが、ビラや伝単の類を北京で集め、東京にファックスしてくれた編集協力者は大勢いた。その名は、『チャイナ・クライシス』の該当個所に記した。

(28) 東京、蒼蒼社、一九八九～九〇年。

(29)『毛沢東政治経済学を語る』現代評論社、一九七四年、『毛沢東社会主義建設を語る』現代評論社、一九七五年。

(30) 矢吹晋「孫冶方の経済理論と新中国の歩み」『日中経済協会会報』一九八三年四月、のち『二〇〇〇年の中国』論創社、一九八四年所収。同「孫冶方のスターリン経済学批判」『日高普教授還暦記念論文集』時潮社、一九八四年、のち『二〇〇〇年の中国』論創社、一九八四年所収。

(31) ソ連では経済計算ホズラスチョートに基づく原価計算が核心に位置づけられた。

(32) 佐藤の研究成果を富田武は追悼文で、次のように評価している。「佐藤の研究の成果であり、集約点となったのが一九七五年刊行の『現代の社会主義経済』（岩波新書）である。それは、現実に存在する社会主義を、後進国ロシアとスターリン指導の歪みを伴った「前期的社会主義」と規定したこと、集権的計画経済には企業の裁量や省庁との「取引」の余地があり、労働者の「手抜き」と企業の「温情」を組み込んだパターナリズムが伴うと分析したこと、計画経済の「一つの工場」イメージは幻想であり、市場と価格による自己制御を不可欠とすると明示したことにおいて、社会主義経済研究の到達点を示したものと言える。佐藤自身の歴史に即して言えば、彼の「誘導市場モデル」は社会主義の構造改革案であり、反独占構造改革のベクトルが国家独占資本主義から国家独占社会主義に向けられたものだと理解することができる。佐藤の議論は、一九八〇年代のポーランド「連帯」運動を端緒とする東欧革命とペレストロイカにおいて真価を発揮したが、新自由主義は改革中の社会主義をも押し流してしまった。それだけ国家的社会主義、スターリニズムの原罪とトラウマが大きかったのである。佐藤は、ソ連崩壊後の「社会主義経済学会」改称の議論において「比較経済体制学会」への改称に反対したが（実際はこれに改称）、それは教条的に社会主義に固執する守旧派とは異なり、社会主義の歴史を正負ともに引き受ける意味だった」（『現代の理論』第三号、二〇一四年十二月、冬号）。

(33) 『大内力ゼミナール　たにし会の半世紀』二〇〇五年。

(34) 資本主義経済システムが旧ソ連経済圏を包摂したこと。

(35) 渓内謙『現代社会主義を考える――ロシア革命から21世紀へ』岩波新書、一九八八年。

(36) 矢吹晋『チャイナ・シンドローム――限りなく資本主義に近い社会主義』蒼蒼社、一九八六年。

(37) 佐藤経明『ポスト社会主義の経済体制』岩波書店、一九九七年。小林弘二『ポスト社会主義の中国政治』東信堂、二〇〇二年。なお、「リベラル21」のサイトに在ブダペストの経済学者盛田常夫による追悼記「追悼佐藤経明教授」がある。http://lib21.blog96.fc2.com/blog-entry-2886.html

(38) 李達（一八九〇～一九六六）は日本一高に留学してマルクス主義を学び、中国共産党の創立に参加した古参ボルシェビキである。一九六六年八月紅衛兵の拷問により死去した。武漢大学構内に胸像が立つ。

(39) 一九一〇～一九六六、当時中央党校副校長。

(40) 一八九六〜一九九二、当時中央党校校長。
(41)「一九六二年七千人大会における講話」『毛沢東思想万歳』丁本、矢吹訳『毛沢東社会主義建設を語る』。
(42) 矢吹晋『チャイメリカ——米中結託と日本の進路』花伝社、二〇一二年。
(43) 台湾と香港を含む中華経済圏の数字。Major Foreign Holding of US Treasury Bills. 中国の対日本向け輸出は千三百五十八億ドル、日本からの輸入は千九十二億ドル、中国の黒字（日本の赤字）は二百六十六億ドルである。過去四半世紀、日本経済は平均一％程度の成長しかなく停滞していたのに対して、中国経済は約十％程度の成長を続けてきたので（近年は六〜七％に落ちたが）、あっさり日本を抜いて、いまや米国に迫る規模となった。この結果、「衰える日本」のナショナリズムと「勃興する中国」のナショナリズムが激しく衝突している。
(44)「中国要成為世界革命的兵工廠」（一九六七年七月七日）『毛沢東思想万歳』丁本、六七九―六八一頁。
(45) これはソ連というブレーキ役が失われた結果、資本の暴走に歯止めがかからなかったものと解してよい。不人気なソ連社会主義にも、米帝国主義の暴走への歯止め役という有用性があったことが事後に確認された。
(46) David Graeber, *Debt: The First 5000 Years*, Melville House, London, 2012. 邦訳、以文社、二〇一六年。

第三章　デジタル・レーニン主義ノート――計画・官僚・毛沢東

一　AIとビッグデータが計画経済を実現する？

ソビエト連邦の誕生を受けて、一九二〇年代から三〇年代にかけて、社会主義経済計算論争(economic calculation controversy)が起こり、社会主義経済の可能性について肯定派・否定派入り乱れて論争が繰り返された。オットー・ノイラートの「戦争経済から実物経済へ」に対して、ルートヴィヒ・フォン・ミーゼスが「社会主義共同体における経済計算」で反論したことが発端である。

社会主義経済において、「生産手段は公のもの」とされ、生産量は国家が決定するため、「市場や価格は存在しない」ことになる。このような経済が現実に実現できるのか。ミーゼスは、貨幣が存在しない(当時は労働証券が想定されていた)とすれば、「価格をつけられないから、計算不能」として、計画経済の可能性を否定した。さらにミーゼスの弟子、フリードリヒ・ハイエクは、計算についての「すべての情報が集まらない以上、計算は不可能だ」と論じた。

ミーゼス、ハイエクの「計画経済不可能論」に対し、オスカー・ランゲ（ポーランドの経済学者）は、市場メカニズムを導入することで「社会主義計画経済は可能だ」と反論した。すなわち「潜在的な交換」の可能性があればシャドウ・プライスという形で「擬似的、便宜的に価格をつける」ことが可能である。ランゲはワルラス流の一般均衡理論の枠組みに則って多財の需給の連立方程式の解を求めることで、効率的な価格付けと資源配分を達成することができると考えた。

ハイエクの立場はランゲのような計算が技術的に可能であるとしても、この計算を実施する中央計画当局は計算に必要な「需給に関する膨大な情報」を収集せねばならず、そのような「情報の収集は不可能である」というものであった。しかも計算に必要な情報は主として「経済主体にとって自身しか知りえない私的情報」であり、「個々の経済主体が情報を正しく伝達するインセンティヴをもつとは限らない」。ハイエクの見るところ「必要な情報の収集に成功し効率的な価格付けと資源配分を行えるのは分権的なメカニズムとしての市場メカニズムだけである」という展望であった。

二十一世紀の今日、ビッグデータは、ハイエクの計画経済不可能論の重要な論拠を突き崩したことになる。すなわち、完全にすべてとはいえないが、①社会科学から見た大数の法則としてほとんどすべての情報は入手できる、②しかもそれは、ハイエクの説いた「経済主体にとって自身しか知りえない私的情報」を含めての話である。

ハンガリーの経済学者コルナイ・ヤーノシュが『不足の経済学』（盛田常夫編訳、岩波書店、一九八四年）で分析したのは、主として消費財の不足問題として現象する「ソフトな予算制約」という計画経済の矛盾であった。コルナイは、計画経済の「実務家としての体験」を総括して、国有経済において不可避的に発生する全般的不足のメカニズムを鮮やかに分析して見せた。

国有経済の企業は、不足が政府から補塡される「ソフトな予算制約」のために、常に過剰蓄積の傾向をもつ。特に、生産ノルマの変更に対して容易に超過達成で対応できるように、経営者は様々なコネを尽くして原材料や部品などの生産資材を入手し、過剰に在庫しておく。

このエピソードに接して、われわれはその裏返しの話を想起する。トヨタ自動車の看板方式（just on time）である。そしてその後身としてのＱＲ（Quick Response）方式である。看板方式も、ＱＲも、「部品在庫を極限まで減らす試み」にほかならない。このような日本的合理化を知らずに、当時のハンガリーでは、不足がちの部品や原材料の収集に努力し、これが過大な投資需要の発注として現れる。

他方で「ソフトな予算制約」とコルナイが名付けた、計画経済を裏付ける予算制度はコスト削減や技術革新の誘因をそぐため、生産能力は需要に比べて拡大しない。こうして慢性的な需要超過に見舞われる。その超過需要が生産資材を入手できるときに「在庫しておく傾向」を生み出し、需要超過をますます進行させる――これがコルナイの説いた「不足の経済学」の論理である。

コルナイはこう指摘した。

この問題を今の頭で考え直してみると、既述したハイエク・タイプの議論に辿り着く。すべての知識すべての情報を、単一のセンター（中央）、あるいはセンターとそれを支えるサブ・センターに集めることは不可能だ。知識は必然的に分権化される。情報を所有するものが自らのために利用することで、情報の効率的な完全利用が実現する。したがって、分権化された情報には、営業の自由と私的所有が付随していなければならない。もちろん、最後の断片まで情報を分権化する必要はないとしても、可能な限り分権化されているのが望ましい。ここでわれわれは社会主義中央集権化の標準的な機能のひとつとして、数理計画化が有効に組み込まれないのはどうしてかという問題を超えて、社会主義政治・社会・経済環境の中で、中央計画化が効率的に近代的に機能しないのはどうしてかという一般的な問題に辿り着く。計画化に携わる諸機関の内側で、長期間のインサイダーとして仕事に従事した体験に照らして、社会主義の信奉者が唱えるような期待は、どのような現代的な技術を使っても、社会主義の計画化では実現できないという確信がより深まった（『コルナイ・ヤーノシュ自伝——思索する力を得て』盛田常夫訳、日本評論社、二〇〇六年、一五八頁）。

コルナイがこのような悲観的展望を書いてから三十年、ＡＩ（人工知能）は飛躍的に発展して、この問題をいま改善しつつある。その先頭を走る中国の社会主義は、この利器を巧みに利用して、爆進し始めた。

毛沢東時代の失敗例を考えて見よう。中国において計画経済システムが著しく歪められた要素として省級・県級幹部による官僚主義的作風が挙げられる。たとえば、大躍進運動期に大量の餓死者が生まれた理由の一つは、毛沢東が虚報のため食糧不足の現実を豊作と誤認して、万民製鉄を継続しようとしたことによる。生産現場における統計が正しければ、正しい方針を提起できるが、虚報は間違った指令を導く。

もう一つ、例を挙げれば、「各省級統計の総和」が「全国統計」を上回る事例はしばしば見られる。この場合は、各省級統計に「水分」が含まれるか、それとも全国統計が過小か、いずれかである。官僚の誇大報告作風をＡＩがチェックすることによって、恣意的な報告は否定され、「実事求是」の正しい統計が形成され、それが計画経済の運営の基礎となる。そのような試みは、いまようやく始まったばかりである。

二　デジタル・レーニン主義の諸相

デジタル・レーニン主義の可能性。ドイツの中国研究者ハイルマンの「デジタル・レーニン主義」という新語が話題になり始めた。ハイルマンはベルリンのメルカトル中国研究所（略称

MERICS）の前所長だが、ハーバード大学フェアバンクセンターで発表した「レーニン主義の復活と創新」が習近平のデジタル中国化構想を的確にとらえたネーミングとして話題になった。この見解は、『ウォールストリート・ジャーナル』紙の中国担当コラムニスト、ブラウン記者が二〇一七年秋の党大会における習近平「政治報告」を解説する文脈で紹介して大きな話題となった（アンドリュー・ブラウン「習近平はビッグデータ独裁の中国を目指す」WSJ 日本語版、二〇一七年十月十八日付）。

ハイルマンは習近平が前任者の江沢民や胡錦濤とどのように異なるかについて、それは「古典的レーニン主義の復活」であり、二十一世紀の課題に適合するように「中国共産党を創新させる」点と分析した。「頂層設計」（トップレベルの方針決定）を強調し、「党政分工」（党務と政務の分離）ではなく、「党務による政務領導」を貫徹しようとする習近平の新しい作風について、日本では「習近平独裁」や「毛沢東個人崇拝の復活」等々否定的に論評されているが、ハイルマンはそこに「古典的レーニン主義」の復活を見出し、「二十一世紀の課題に適合したもの」と再解釈した。

では、二十一世紀の課題とは何か。ハイルマンを紹介したブラウン記者によれば、これはずばり「ビッグデータ独裁」の一語である。むろんジョージ・オーウェルの『一九八四年』における「ビッグブラザーの独裁」のもじりである。いわゆる「習近平独裁」の本質とは、「ビッグデータ独裁」にほかならないと核心を衝いた。

西側でハイルマン流の解説が行われているとき、中国内部ではどのような議論が行われていたかを知るうえで、張志安などによる「インターネットに対する管理と国家ガバナンス」という論文が、注目すべき論点を提起した（「互聯網治理与国家治理」『網絡空間法治化――互聯網与国家治理年度報告（二〇一五）』二〇一六年六月）。

張志安は中山大学に新設された「インターネット・ガバナンス研究センター主任」兼教授である。論文は、百度（バイドゥ）、阿里巴巴（アリババ）、騰訊控股（テンセント）などのインターネット企業の作り出す「新世論」が既存の世論に挑戦を始め、インターネットの世論が国家統治に対して大きな圧力になっている現状をどう改善するかを論じたものだ。張教授は、政府は権限を大胆に「下放」し、市場と社会（世論）に「ガバナンス主導」権を与えよと主張した（類似の主張として、兪可平「全球治理引論」『馬克思主義与現実』二〇〇二年一期等がある）。

張教授曰く、インターネット空間は大衆に意見発表の場を与え、世論を監督する「簡便なプラットフォーム」を提供した。これまで行われてきたネット「管理」をネット「ガバナンス」に、政府主導の「権威主義的管理」を政府・市場・社会の「三者協議による多元的ガバナンス」に改めるべきである。要点は政府による「上からの管理」（コントロール、マネジメント）をやめて政府・市場・社会三者の協議による「ガバナンス」とせよ――これが張教授らの主張だ。

ガバナンスの原語である「治理」とは「禹の治水」から類推できるように、水を治めることだ。治水ができれば物事は安定し、整った状態になる。社会を混乱させ、国家統治を危うくする恐れのある電子情報の洪水を治水して、逆に社会や国家の安定に役立たせること、これこそがインターネットに対するガバナンスを通じて、国家のガバナンスを図るという発想であろう。

「管理」に対して「自主管理」という対概念があるが、「国家統治」に対して「国家ガバナンス（治理）」を対置したのは、旧来の統治が「上から目線」であるのに対して、新しいガバナンス（治理）概念は、「市場による決定」と「世論監督」という二つの要素を加味して「国家・市場・世論」の三者協議によるガバナンスを構想したものと見てよい。

三つの要素のうち、市場が決定的な役割を果たすのが現代資本主義であり、世論が決定的な役割を果たすのが現代のポピュリズム政治である。国家がすべてを決定しようとするのは全体主義的統治である。三要素の力関係によって、一方では「強権国家を市場と世論で補完する」だけの国権主義に帰結するかもしれないし、他方では市場と世論が重んじられ、国家の役割は暴力とエログロ取締りだけに限定するような、現代的「夜警国家」論まで、様々の色合いを帯びるであろう。

さらに張教授は市民の「情報自由権」（信息自由権）、「プライバシー」（隠私権）の保護をネット立法の重点とし、「忘れられる権利」（被遺忘権）によってビッグデータから情報を削除することにも言及している。最後に二〇一四年浙江省烏鎮で開かれた世界インターネット大会に触れて、インターネット・ガバナンスの分野における中国の「話語権」を主張し、あわせて「ソフト・ガバナンス」（柔性治理）を呼びかけていることが注目される。この「話語権」とは、近年の流行語である。「発言権」が発言の機会確保を求めるのに対して、「話語権」は相手に聞いてもらう力、すなわち「発言力、影響力、宣伝力」の意で用いられる。もう一つは、「ネット主権」という新語である。ネット社会は生まれながらにして国境を越えており、国家主権とは区別されるネット主権は全く新しい問題提起になる。この種の課題に対して、「ソフト・ガバナンス」こそが望ましいと指摘した点に注目したい。

肖浜教授（中山大学政治与公共事務管理学院院長）は、情報技術を「諸刃の剣」として、その功罪を論じている（「一把双刃剣、中国国家治理中的信息技術」『網絡空間法治化——互聯網与国家治理年度報告（二〇一五）』二〇一六年六月）。すなわち、国家権力の監視システム（監控体系）と市民権の保障システム——両者の関係をどう考えるべきか。それはまず、情報技術の権力による一方的運用にとどまるか、権力側と市民側、双方からの運用に成功するか、によって決まる。次いでその運用が、対称的、均衡的な運用であるか、否か。非対称、非均衡に陥る場合、そのリスクをどう解決するか、という問題が生じる。

一九九〇年代に中国で推進された「金税工程」と「金財工程」に即して考察すると、「金税工程」は、徴税・行政システムにおける運用であり、国家権力を監視できる情報技術である。「金財工程」は国の予算に対する監督、立法における運用であり、市民権の保障を推進できる。これら二つの経験から情報技術の二面性を考察する。

英国の社会学者アンソニー・ギデンスによれば、現代国家の特色の一つは国家権力の集中化が進み、国家による監視（surveillance）が極度に高まっていること、すなわち、第一に国が行政目的のために国民の情報を秩序立てて収集し保存していること。第二に国家機構が個人の行為や活動に直接的監視を行うことである。国はそのために警察、税務署、入管、税関等の監視システムを設けている。そして国の監視システムが拡大すればするほど、市民が自らの権利のために闘争する場も広がるという弁証法が成立する。それゆえ、現代の情報技術は国家による監視システムに対しても、市民権を保障するメカニズムとしても、双方から運用できるものが望ましい。

一九九四年から始まった金税工程は税源をほぼカバーし、税務部門がコンピュータネットを通じて納税者について大量のデータを蓄積してきた。さらに工商、社保、税関、衛生、薬品監督、検査、銀行、財政等各部の情報は、部門を越えて共有することによって税源監視システムを構築した。金税工程によって天地を網羅することができた。

金税工程は、①管理サブシステム、②徴税サブシステム、③会計監査サブシステム、④処罰サブシステム、⑤執行サブシステム、⑥救済サブシステム、⑦監督サブシステム――の計七つのサブシステムからなり、相互チェックが可能である。一九九五年に国は総額四千万ドルの世界銀行技術援助を受けて、北京等十九都市で徴税システムの電子化を行った。さらに円借款を用いて中国徴税管理信息系統（CTAIS, China Taxation Administration Information System）を推進した。

もう一つの「金財工程」は省級人代で財政支出、予算執行の全過程をオンラインで監督する。

広東省、四川省、河南省等は金財工程という呼称は用いていないが先行した。上海ではスタートは遅かったものの、その後「金財工程」の命名権をもつほどに成功した。こうして金財工程は地方人代常務委員会というプラットフォームを通じて市民が権力の予算支出を監視し、市民権を保障する手段に成長している。

導入当時の財政部副部長、楼継偉が『中国財政』(二〇〇二年十期)に書いた「科学規画、精心組織、積極推進金財工程建設」によると、二〇〇二年初め、当時の朱鎔基総理の指示で「政府財政管理信息系統」(GFMIS, Government Financial Management Information System)を「金財工程」と命名した。金融財政プロジェクトの意か。これを受けて財政部は「政府財政管理信息システムのネットワーク建設技術標準」を下達した。

これは、①財政業務応用システムと、②全国各級財政管理部門、財政資金使用部門の情報ネットワークシステムからなる。前者は予算編成審査システム、現金管理システム等十一種のサブシステムからなる。後者はネットワークプラットフォーム、コンピュータシステム、データシステム、セキュリティシステムの四サブシステムからなる。

なお、項懐誠(財政部部長)「加快推進金財工程建設歩伐」(『予算管理与会計』二〇〇二年十期)も導入当時の解説として重要である。『上海財税』(二〇〇三年二期)によると、ＧＦＭＩＳすなわち金財工程建設計画は二〇〇八年にすべてを完成させる目標で、各省間で競って実行され、上海がモデルとなった。これが「スマートシティ上海」版である(http://www.china.com.cn/chinese/

zhuanti/283779.htm）。

情報技術の不均衡は情報技術自体に起因するものではなく、現代の社会・政治発展の三重の不均衡に基づく。第一は立法権と行政権の不均衡であり、往々行政権が拡大して権力構造に歪みが生じる（黄旭「互聯網、行政権与新利維坦 Leviathan」『南京社会科学』二〇〇三年三期）。第二は権力側の監視システムと市民権保障メカニズムの制度的不均衡である。第三は社会・政治勢力の不均衡である。

改革開放四十年来、市民の権利意識と市民社会は成長してきたとはいえ、強い行政権力と比べると依然かなり脆弱だ。市民の拮抗力が足りない。そのうえ、新たな怪物 digital Leviathan（数字利維坦）に食われる恐れさえある。中国の識者たちはいま「ネット社会主義」が、ホッブズの説いた怪物に変身するリスクをも想定しながら、ビッグデータ（大数拠）を「飼い馴らすにはどうすればいいか」研究している。著者が特に着目するのは、怪物の正体を「数字利維坦」（digital Leviathan）と名づけ、その本質を見極めながら、これに立ち向かう姿勢である。

三　官僚資本主義から毛沢東の「夢」へ

ロシア革命でスターリンの独裁体制が成立して追放されたトロツキーは『裏切られた革命』（一九三七年）で、「官僚制が生産手段を統制している」事実を確認した。しかしながらソ連の官僚たちは生産手段を統制しているには違いないが、「特定の所有形態を欠いている」と認識した。この理由からして、彼らが「支配階級」を構成していると見る認識を退けた。すなわち、生産手段の国有化を行った後のソ連にとって必要なのは、「十月革命のような社会革命」ではなく、「官僚制の排除を目的とした政治革命である」と結論したのであった。

ソ連ではこの問題に対する理論的探求はここで終わったが、その後、イタリアのブルーノ・リッツィは『世界の官僚制化』（一九三九年）を分析して、官僚制は自らに高い給料を支払うことによって、プロレタリアートの剰余価値を所有するようになった以上、ソ連では「新しい階級が発生した」と論じた。ただリッツィは官僚制の技能を高く評価し、官僚と労働者階級との間のギャップが最小になるべく労働者生活の物質的条件を高めるうえで官僚制が有効であると考えていた。

リッツィに代表される「新しい階級」論をさらに徹底させたのは、ミロバン・ジラス（ユーゴスラビアの理論家、元大統領補佐）の『新しい階級』（一九五七年）であった。ジラスは「社会主義国家は政党によって運営されており、政党は官僚制である」「官僚制は国有財産を使用、処分する権限をもつがゆえに一つの階級である」「この官僚制は、権力とイデオロギー的独断主義という二つの重要な要素に依拠している」「これは過渡的な現象ではなく、国家制度の特殊類型の一つである」と主張した。

すなわち社会主義体制における官僚制はなるほど生産手段を所有してはいないが、その使用権、処分権は保有しており、それを根拠として階級的基礎とみることは合理的だと認識したのであった。中国共産党はジラスの『新しい階級』論を公式に認めることはなく、折からのスターリン批判に便乗したチトー主義批判の文脈で、ユーゴスラビアの新憲法やチトー主義は帝国主義に屈伏するものとして厳しく批判した。

しかしながら表向きの批判とは裏腹にチトー主義への関心は強いものがあった。というのは、革命の過程で中国共産党に期待した人々が「共産党の支配」に幻滅を感じ始めていたからである。ソ連でスターリン批判が行われ、東欧で民主化へのうねりが巻き起こると、中国でもこれに同調する動きが、特に北京大学や人民大学で表面化し、毛沢東は一九五七年反右派闘争を強力に展開した。

スターリン批判後の社会主義世界の動揺に際して反右派闘争の立場を採った毛沢東が一九六〇年代前半に痛感したのは、「社会主義における官僚制」のあり方であった。この問題に対して、最も大胆な主張を展開したのが毛沢東であり、一九六四年五月にこう断定した。「現在のソ連はブルジョア独裁、大ブルジョア独裁、ナチスのファシズム独裁、ヒトラー流の独裁である。彼らはゴロツキ集団であり、ドゴールよりもはるかに悪い」（矢吹晋編訳『毛沢東社会主義建設を語る』現代評論社、一九七五年、二五六頁）。

旧ソ連の現実の姿のなかに、中国の明日を垣間見た毛沢東は同年、こう敷衍した。「官僚階級と労働者・貧農・下層中農とは鋭く対立した二つの階級である」「資本主義の道を歩むこれらの指導者〔走資派あるいは実権派〕は労働者階級の血を吸うブルジョア分子にすでに変わってしまったか、あるいは今まさに変わりつつある」（「毛沢東、陳正人同志の「蹲点報告」に対する指示」一九六五年一月二十九日、『毛主席文選』三四頁）。

以上のように社会主義における官僚制論の系譜を考察してくると、二十一世紀初頭における中国の現実こそが、まさに「官僚階級」が生産手段を所有し、名実ともに自らの階級が再生産する条件を整え、中国国家資本主義が官僚資本主義として自立している姿だろう。この系譜からみると、毛沢東の性急さがよく分かる。

そして、毛沢東の問題提起から半世紀を経た二十一世紀初頭における中国の現実こそが、まさに「官僚階級」について、現実に即した階級分析を必要とする事態が生まれつつあることを示している。毛沢東の発動した文化大革命は惨憺たる帰結をもたらしたが、彼の提起した課題はいまも色あせない。毛沢東が官僚制に投げつけた言葉、「（下層階級の）血を吸うブルジョア分子」は激烈な表現だが、毛沢東の掲げた「継続革命」は、課題として残されている。そして課題に応える条件も、これまでとは異なる様相を呈してきたことを認識すべきだろう。

ロシア革命に始まる現実の社会主義建設は、まず生産手段の私有制を廃棄し、国有制（人民所有制とも呼ばれた）あるいは集団所有制とすることからスタートした。所有制の変革に、労働者階級は資本の軛から解放され、搾取・被搾取という生産関係から解放され、生産現場の主人公としての立場で社会主義建設に参加することが想定されていた。しかしながら、現実の労働の現場では、資本家あるいはその代理人としての経営者は追放されたものの、現場で労働を指揮したのは、労働者の代表ではなく、共産党本部から派遣された官僚たちであった。

その官僚たちこそがいわゆるノーメンクラツーラにほかならない。レーニンが死去し（一九二四年）、トロツキーが追放され（一九二九年）、スターリンの独裁が一九三〇年代に始まると、政治的反対派はグラーグ（収容所）に送られ、社会主義的生産関係の構築という課題は忘れられ、スタハノフ運動（生産ノルマを達成した炭鉱労働者アレクセイ・スタハノフをモデルとした生産性向上運動）に象徴されるような「労働ノルマ達成競争」に労働者は駆り立てられ、後にオーウェルが戯画化したような「堕落した労働者国家」に変質していった。

ロシア革命は、生産手段の私有制を廃棄した後に、どのような社会主義的生産関係を構築するかという新たな課題に直面して、様々の試行錯誤は試みたものの、結局はこの課題を解決することなしに、ソ連邦解体の日を迎えた（一九九一年十二月）。毛沢東はソ連版社会主義建設を総括した『経済学教科書』（スターリン時代の末期に計画され、一九五四年秋にロシア語初版刊行）を学び、大躍進運動期（一九五八〜六〇年）に、その読書ノートを書いた（矢吹晋訳『毛沢東、政治経済学を語る』現代評論社、一九七四年）。毛沢東はここで「社会主義企業における人と人との関係」を論じ、後の文化大革命期に「五・七指示」（本書第二章）としてまとめた分業廃棄の構想を語り始めた。

毛沢東によって残された課題を解く鍵は、鄧小平時代に提起された「中国的特色をもつ社会主義」と習近平時代の「社会主義」との異同にあるかもしれない。鄧小平時代には前革命期（国民党治下の旧中国）にやり残した資本主義の「補講」（補課）として、なによりも「生産力の発展」を強調し、その課題が克服されるまでを「社会主義初級段階」と規定した。そのいわば必要悪が「官僚階級」である。

しかしながら、南巡講話以後約三十年の高度成長を経て、人口一人当たりでみても、その消費生活は、すでに日本等先進諸国のそれに追いつく勢いである。中国はもはや途上国ではない。「脱途上国・中国」がいつまでも社会主義初級段階にとどまることは、ありえない。

では初級段階の終焉を迎えた中国はどこへ向かうのか。「官僚階級」を温存したままビッグデータに依拠して十四億の民衆を管理するジョージ・オーウェル的監視社会に向かうのか。人々の日常の消費生活は、いつ何をどこで食べ、いくら支払ったかまで、すべて掌握されている。「国慶節十月連休」でレジャーを楽しめば、行く先々で、どのように代金を払い、誰とどのように楽しんだかまですべて電子情報が記録されている。何びともこのような管理・監視の「天眼」から逃れることは不可能だ。「天眼」という言葉は、人々に「天網恢恢、疎而不漏」（『老子』）を想起させる。これも古代の思想が現代科学によって実現される一例である。

ここでそのようなデータを根拠に誰が誰をどのように支配し、管理するのか――それが決定的な問題なる。「官僚階級」が管理するのか。それとも、この管理のデータやツールを民主的に、人民大衆のために奪い返すことが可能なのか。ＡＩ発展がどこまでも深まる過程で、旧来の社会主義像は大きな再検討を迫られている。騰訊控股、百度、阿里巴巴、京東商城が「家庭内のＡＩ化のソフト」を共同で開発する資金作りは二〇一七年内に完了したと報じられている（Venture Pulse, Q3, 2017, p.85）。中国の主要都市では、ホテルにおける顔認証が普及しており、コンビニやスーパーにおけるキャッシュレス化を経て、「レジスターなし風景」も実用段階に入った。

生産力の発展水準からいえば、すでに十分に社会主義への物質的条件を備えるに至ったことは明らかだ。それゆえ、どのような生産関係を構築して生産力を管理するか——これが喫緊の問題である。このような消費生活の行方にどのような社会を想定するのか。それは人々の疲れた表情を読み取り、不気味に微笑するロボットたちによって人間が支配される地獄絵図なのか。それとも毛沢東が「五・七指示」で掲げた分業廃棄に結び付くものなのか。

第四章　中国脅威論で見失われたもの

一　日本経済と中国脅威論

日本社会を覆う中国脅威論はなぜ生まれ、人々がどのように感染させられたのかを考えてみたい。中国脅威論の源流として十九世紀末の黄禍論まで遡ることもできようが、ここでは二〇一二年の尖閣国有化騒動から話を始めたい。日中国交正常化四十年目に発生したこの問題を危惧しつつ、関係悪化への足どりを著者は追跡してきた。[1]

正直なところ、これほどの日中関係悪化は著者の予想を超える事態であった。尖閣の国有化騒動の直接的契機は、国連海洋法が参加各国に対して領海線引きの提案を求め、隣り合う国々と協議を行うよう二〇〇九年という期限を設けていたことだ。たとえばベトナムとマレーシアは、二国間協定を早々と結んだ。[2] 海洋法の定めに基づく「領海線引き」の目的とは、そもそも海洋の平和を目指すものにほかならない。しかしながら、この「海洋の平和」のための「領海線引き」問題が各国のナショナリズムを煽り立てて、紛争を激化させている。その背景には、勃興する中国経済と沈没する日本経済の拮抗が日本社会にもたらした閉塞感がある。

日本経済はバブルがはじけて以後、四半世紀余り、年率平均で一％に満たない足踏み状態を続けてきた。この間、中国経済は二桁成長を維持し、近年は六〜七％の「新常態」に落ち着いたものの、先進国の超安定成長と比べるならば、中位・高度成長を続けて今日に至る。中国経済が日本を追い抜いて世界第二位に躍進したのは、二〇一〇年である。これを報じた『ウォールストリート・ジャーナル』（二〇一一年二月十四日付[3]）を引用したい。「中国は二〇一〇年、日本を抜いて世界二位の経済大国に躍り出た。この歴史的な逆転を受け、アジアの二大国である両国に様々な感情が渦巻いている。低迷の長引く日本では内省的なあきらめムードが漂う一方、上昇中の中国は誇りに感じながらも新たな責任を背負わされかねないと警戒している」「日本の二〇一〇年のＧＤＰは約五兆四千七百億ドルと、中国が発表した五兆八千八百億ドルを約七％下回った」「両国のＧＤＰは米国に比べると依然かなり小さい。日中合わせても、米国の十四兆六千六百億ドルに及ばない」。

この記事は、二〇一〇年に中国経済が日本経済を追い抜いた事実を指摘しながら、二つの経済の合計は、十一兆三千五百億ドルであり、「米国の十四兆六千六百億ドルに及ばない」と余裕を見せていた。この時点では、リーマン危機の傷跡がまだ十分に折り込まれていないことが事後に明らかになる。世界銀行が二〇一四年四月二十九日に発表した「国際比較プログラム（International Comparison Program, CP）[4]」によると、購買力平価ベースで二〇一四年

図4－1　日米中の対内投資残高の推移（単位、億ドル）

国	2000年末	2010年末	2016年末
日　本（沈没）	503（0.67％）	2,149（1.1％）	1,867（0.7％）
中　国（勃興）	1,933（2.6％）	5,878（2.9％）	13,544（5.1％）
アメリカ（衰退）	27,832（37.2％）	34,223（16.9％） リーマン後遺症	63,913（23.9％）
世　界　計	74,896（100％）	202,449（100％）	267,283（100％）

出所：ＵＮＣＴＡＤ、2017年6月「世界投資報告2017年」

末の中国ＧＤＰは十六兆七千三百五十億ドル、米国のＧＤＰは十六兆六千七百八十億ドルと推計され、中国が五百七十億ドル上回った。[5]二〇一〇年時点では、中国ＧＤＰは米国の半分にも及ばなかったが、二〇一四年には米国を上回ったと、事実上米国が管理する世界銀行が保証した形である。

その要因は二つ挙げられる。一つは、ソ連解体以後、一人勝ちを誇った「驕るアメリカ」が暴走して、リーマン恐慌という一九二九年の世界恐慌に匹敵するほどの経済危機を招いたことである。もう一つは、このような大きな危機にもかかわらず、中国経済は「四兆元財政出動」という機敏な対応により、経済成長を堅持し、二桁成長を堅持したことだ（ただし、その後まもなく「新常態」の中位成長段階に転換した）。こうして中国経済は量的にはいまや米国を抜いて世界一の経済規模を誇る。中国経済の勃興、躍進は明らかだ。

その影で、日本経済の「衰退、沈没」は確実に進行した。たとえば国連貿易開発会議（ＵＮＣＴＡＤ）が二〇一七年六月に発表した「世界投資報告（二〇一七）[6]」によると、日米中の「対内投資残高の推移」は図4－1のごとくである。二十世紀中、日本は六・七％のシェアを保持したが、昨年は一％に満たない落ち込みぶりだ。代わって勃興する中国は、かつての日本のシェアに迫り、いまや五％を超える。米国は三十七・二％から二十三・九％に十三ポイント落ちた。

この図ほど直截に、いわゆる「アベノミクスの失敗」を端的に物語る数字はあるまい。日本企業は内部留保を大量に抱えながら、投資をためらい、無為無策に陥って久しい。こうして新規雇用は生まれず、若者は低賃金の非正規雇用しか得られず、結婚もままならない。人口減少に歯止めはかからない。日本経済の沈没ぶりはまことに驚くべきものがある。世界の国内投資の順位を見ると、①アメリカ、②イギリス、③中国、④香港、⑤オランダ、⑥シンガポール、⑦ブラジル、⑧オーストラリア、⑨インド、⑩ロシアと続き、日本は二十位にさえ入っていない。

図は国連貿易開発会議創設以来の「累計残高」なので、二〇一六年末に世界の〇・七％を占めたが、二〇一六年について単年度で見ると、日本の国内投資は百十四億ドルに過ぎず、アンゴラの百四十四億ドル以下なのだ。ここにはかつて世界二位を誇った「驕る日本」の痛ましい残骸しか見られない。とはいえ、対外投資を見ると、かつての残影がまだ残り、①アメリカ二千九百九十億ドル、②中国千八百三十一億ドル、③オランダ千七百三十七億ドルに次いで、日本は千四百五十二億ドルを占めている。ここから明らかなように、日本は対外投資の累計残高においても、すでに中国に追い抜かれ、日中それぞれの対国内投資に至っては比較できないほどに、その差はますます拡大しつつある。「勃興する中国」と、「衰退するアメリカ」との狭間で、日本はひたすら「沈没」の一途をたどる。

むろん経済成長がすべてだ、などというつもりはない。成熟した経済が低成長期を迎えるのはよくあるケースだ。しかしながら、日本の落ち込みぶりは尋常ではない。対内投資が世界二十位以下というのは、どこからみても異様であり、このような経済の「閉塞状況」のもとで、日本国民が鬱屈した不透明感、憂鬱感にとらわれているのは、故無きことではない。日本を覆うこの種の挫折感とは裏腹に中国経済の躍進はとどまるところを知らない。ここから自らへの劣等感と他者への羨望、嫉妬の念がないまぜになり、複雑な感情に日本国民は悩まされている。このコンプレックスを悪用し、劣情を煽るメカニズム装置こそが中国脅威論にほかならない。漠然とした不安感に、あたかもそれが実体であるかのごとき仮象を与えたものが領土・領海に関わるナショナリズム感情だ。一つは尖閣騒動であり、もう一つは南シナ海領土紛争に便乗した、いわゆる「航行の自由作戦」への付和雷同である。尖閣は無人の岩に過ぎないとしても、尖閣で一歩譲れば、次は沖縄を奪われると外務省高官が真顔で語る幽霊話に人々は、取り憑かれた。

二　南の「島」、それとも「岩」……

二〇一二年に行われた大陸棚限界委員会の対日勧告[7]においては、日本政府の立場を忖度した婉曲な勧告にとどめられた。勧告の文言を読むと、沖ノ鳥島二百海里申請に対する勧告を「先送り」した。しかしながらその四年後、二〇一六年七月のハーグ仲裁判決[8]は、対日勧告書（二〇一二年）で用いられた「中国（韓国）の口上書」（Note Verbale）[9]を繰り返し引用することによって、「沖ノ鳥島が岩に過ぎない」とする中韓の主張を肯定した。判決は、中国による「沖ノ鳥島埋め立てに関わる対日批判」を逆用して、中国による「南シナ海における七つの人工島建設を批判」した。これは仲裁担当判事五名の全員一致の見解であり、ここで示された島の定義に関わる狭義解釈が判例として定着することは確実であろう。

改めて指摘するまでもなく日本政府は、「中国の海洋進出に対抗するため」と称して、沖ノ鳥島を安全保障上の要衝と位置付け重視してきた。ところが、国連の大陸棚限界委員会は二〇一二年、四国海盆海域などについて二百海里を越えて最大三百五十海里まで容認する大陸棚延伸の権利を認める勧告を採択するに際して、「沖ノ鳥島は「島」ではなく「岩」だ」とする中国や韓国の異議申し立てを容れて、日本の申請を事実上「却下した」。日本政府は勧告書の文字面を捕らえて「先送り」を強調しているが、客観的にみれば、中国や韓国の岩論が限界委員会で勝利したことは明らかだ。中国や韓国による沖ノ鳥島＝岩論は、二〇一六年判決で裏書きされた形であり、沖ノ鳥島が島と認められる可能性はいまや皆無だ。日本の大手メディアや権力に媚を売る御用教授、評論家たちは、この勧告書と判決内容について真実を語らないので、国民には真相は分からない。

日華平和条約第二条で放棄した南沙諸島、西沙諸島の帰属先はどこか。日本の敗戦に伴い、一九五二年に結ばれた日華平和条約第二条には「日本国は、一九五一年九月八日にアメリカ合衆国のサンフランシスコ市で署名された日本国との平和条約第二条に基づき、台湾及び澎湖諸島並びに新南群島及び西沙群島に対するすべての権利、権原および請求権を放棄したことが承認される[10]」と書かれている。西沙群島とは、現在も使われている地名なのでこれがパラセル群島を指すことは、容易に分かる。だが「新南群島」とは何かを答えられる人は少ないかもしれない。これは第二条の英訳を見ると、一目瞭然だ。いまでは死語と化した「新南群島」とは、実はスプラトリー諸島に対して近衛内閣が一九三八年に命名した島嶼名なのだ。

この条約は、日本が中国大陸を支配する中国共産党との間に結んだ条約ではなく、内戦に敗れた中国国民党の蔣介石政権と結んだ条約だ。北京当局は自ら結んだものではなく、政敵の結んだ条約であるために、この条約に直接言及することを避けてきた経緯がある。「中国は日本に違法に占領された南沙、西沙両諸島を法に基づき奪い返し、主権を回復した」と語る外相王毅の言は、スプラトリー問題もまた帝国主義日本の敗戦処理と深く関わる史実を忘れたかのごとき態度で扱う日本政府へのいらだちを秘めている。これはいわゆる歴史認識というよりは、戦後史における史実無視の一コマである。

中国の海洋進出政策について、内外に大きな誤解がある。曰く、中国は人口大国ではあるが、資源小国だ。一人当たりで見ると、資源の小さなことは誰の目にも分かる。これから経済成長を続けていくためには、資源の確保がきわめて重要だ。そのためには、軍事力の拡大が不可欠である。中国は天安門事件以来、軍事予算を毎年経済成長を上回るスピードで増やしてきた。いまや中国は軍事国家であり、その軍事力を活用して、世界中の資源を「爆食」している。このような中国の行動を容認することは、ヒトラーの膨張主義に寛容であった英チェンバレン首相の宥和政策の愚行を繰り返すことになる。対ナチス宥和政策の失敗を活かして、日本は中国の活動を「封じ込める」ために、米国とともに努力すべきである、云々。

この種の封じ込め論の旗手が首相安倍晋三である。安倍は首相就任以来、「価値観外交」「地球儀を俯瞰する外交」等々のキャッチフレーズを繰り返し、それが日本の主流メディアの紙面に踊る。「価値観外交」なるイデオロギーから透けて浮かぶのは、「中国封じ込め」の一語である。

二〇〇三年、中国政府は日本の沖ノ鳥島周辺への排他的経済水域の設定に異議を唱え、以後この異議を国連大陸棚限界委に対する中国政府の口上書において繰り返した。二〇〇八年十一月十二日、日本政府は大陸棚限界委に沖ノ鳥島を基点とする海域等の大陸棚延伸を申請した。翌二〇〇九年五月十二日、中国および韓国も大陸棚延伸をそれぞれ申請した。その後、日本政府は沖ノ鳥島を基点とする二百海里および大陸棚延伸をより具体的なデータの基づき補足申請した。

これに対して中国・韓国は、日本の申請に異議を唱える口上書を同委員会に提出し、委員会

新刊

〈中国の時代〉の越え方
——一九六〇年の世界革命から二〇二〇年の米中衝突へ

矢吹 晋

樺美智子、西部邁、石橋湛山、大内力、東畑精一……六〇年安保から二〇二〇年の米中衝突まで、戦後中国はいかに捉えられたか？

（7月下旬刊）**四六判■2400円**

歴史学の慰め
——アンナ・コムネナの生涯と作品

井上浩一

歴史が男の学問とされていた時代に、ビザンツ帝国中興の祖である父アレクシオス一世の治世を記した、皇女の生涯をたどり作品を分析する。

（7月中旬刊）**四六判■3200円**

女の答えはピッチにある
——女子サッカーが私に教えてくれたこと

キム・ホンビ〔小山内園子訳〕

サッカー初心者の著者が地元の女子チームに入団し、男
…の偏見を乗り越え、連帯する大切さを学んで成長して

ホーム・ラン

スティーヴン・ミルハウザー〔柴田元幸訳〕

精緻な筆致、圧倒的想像力で名匠が紡ぐ深遠な宇宙。表題作や「ミラクル・ポリッシュ」など奇想と魔法に満ちた8篇と独特の短篇小説論。

（7月上旬刊）**四六判■2400円**

エクス・リブリス・クラシックス

誉れの剣1　つわものども

イーヴリン・ウォー〔小山太一訳〕

第二次大戦の勃発に名家出身のガイは大義に身を捧げようと軍に志願するが……。ウォー後期の傑作《誉れの剣》三部作開幕。本邦初訳。

（7月下旬刊）**四六判■3400円**

未練の幽霊と怪物　挫波／敦賀

岡田利規

岡田利規による「コンテンポラリー能楽集」。天才建築家ザハと高速増殖炉もんじゅを謡う表題作に『NŌ
…を併録。

の場で日中韓三カ国による「口上書合戦」が展開され、東アジア世界の相互不信の悪循環が広く世界の知るところとなった。日本が「沖ノ鳥島は島である」とする認識に基づき、①排他的経済水域および、②大陸棚延伸を申請したのに対して、中韓両国は「沖ノ鳥島は岩に過ぎない以上、排他的経済水域および大陸棚延伸をもつ資格なし」と繰り返し異議を申し立てた。

この異議申し立てに対して、日本は中韓に反論して、「沖ノ鳥島周辺で日本と領海を接するのはパラオ共和国とミクロネシア連邦（米国）である。中韓両国は領海を接しないのであるから、口出しするな」と論駁した。この論駁に接して中韓は、「なるほど領海は接していないが、沖ノ鳥島における島嶼埋め立ては、グローバル・コモンズ保護の観点からして異議の提起は許される」と切り返した。沖ノ鳥島をめぐる日本の排他的経済水域および大陸棚延伸の申請に対して中韓が異議申し立てを行った事実は、国連大陸棚限界委の重視するところとなり、「対日勧告書」（二〇一二年四月二十日に採択）のなかに取り入れられた。その結果、沖ノ鳥島を基点とする九州パラオ海嶺南部海域の扱いは、十六名の評決において、「賛成五票、反対八票、棄権三票」の大差で否決され、日本提案は三分の二の支持を得られなかった。対日勧告書の文言は「中国および韓国の口上書で提起された問題」が解決されるまでは、限界委としては「九州パラオ海嶺南部海域について行動をとらない」ことを決定しただけだが、日本提案は事実上「無期限先送り」された。「無期限」と明言しないのは、日本政府のメンツをつぶさないための配慮にすぎまい。

さて領海問題は線引きだけではない。トカラ海峡を中国海軍が通過した事件を契機として、日本の安全保障にかかわる重大な矛盾が白日のもとにさらされる結果となった。すなわち「国際海峡」の「通過通航権」問題の浮上だ。「無害通航権」（right of innocent passage）とは、海洋法によれば、沿岸国（ここでは日本）の平和・秩序・安全を害さないことを条件として、沿岸国に事前に通告することなく沿岸国の「領海を他国船舶が通航すること」である。内陸国を含めすべての国の船舶は、他国の領海において無害通航権をもつことが認められている。領海の沿岸国は、自国の領海内において主権に基づき「領海使用の条件を定め、航行を規制したりすること」ができるが、他国の「無害通航を妨害する」結果とならないように一定の国際義務が課されている。

一九八二年の国連海洋法条約の第一九条一項では、旧領海条約第一四条四項で定められた「無害性に関する定義」が踏襲されたほか、国連海洋法条約第一九条二項では「無害とみなされない活動」が具体的に列挙された。[11] 無害通航権を享受できるか、その違反となるか、これはかなり複雑な事実認定を必要とすることが海洋法第一九条二項の具体的な例示から明らかだろう。

では「通過通航権」（right of transit passage）とは何か。これは「国際海峡の定義」から始まる。

海洋法第三四条では、「国際海峡水域」を定める。「海峡沿岸国の主権又は管轄権は、この部の規定及び国際法の他の規則に従って行使される」とは、「海峡沿岸国」（たとえば日本）の「主権又は管轄権」が制約を受ける、の意である。第三六条は「国際海峡内の公海」または「航路」部分についての規定だ。国際航行に使用されている海峡内の航路については、「潜水航行」および上空飛行の自由に関する規定を適用する。先述の無害通航権の場合は、認められなかった「潜水航行」および上空飛行の自由に関する規定が適用されるので、これはいわば特権であろう。この特権は、第三八条において「通過通航権」として定義されている。「すべての船舶及び航空機は、通過通航権を有する」「通過通航とは、公海又は排他的経済水域の一部分と公海又は排他的経済水域の他の部分との間にある海峡において、航行及び上空飛行の自由が継続的かつ迅速な通過のためのみに行使されることをいう[12]」。

第四一条は国際海峡における「航路帯及び分離通航帯」を規定し、第四二条は通過通航の海峡をもつ沿岸国の法令との関係を述べ、最後に第四四条は「海峡沿岸国の義務」を規定して、「海峡沿岸国は、通過通航を妨害してはならず、また、海峡内における航行上又はその上空における飛行上の危険で、自国が知っているものを適当に公表する。通過通航は停止してはならない」と沿岸国（たとえば日本）への義務を課している。

「無害通航権」と「通過通航権」とを比べると、前者が通常の領海通過の場合の規定であるのに対して、後者は国際海峡に限定した特別の規定であることが分かる。そして、潜水通過や上空通過を認めていることから、これが帝国主義諸国の軍事行動が領海十二海里への延長によって損なわれることを防ぐための沿岸国側の譲歩であることが分かる。

日本における「特定海峡」とは、①宗谷、②津軽、③対馬東水道、④同西水道、⑤大隅――という領海の幅が通常の十二海里でなく三海里にとどめられた五つの海峡を指す。これは日本国内にある「国際海峡」の別称と見てよい。領海を十二海里とする主張が世界的に優位になったことを受け、日本は一九七七年に領海法を制定し、これまでの三海里の幅の領海を原則として十二海里に拡張した。

この立法趣旨に沿えば宗谷・津軽・対馬東・対馬西・大隅の五海峡も領海が当然十二海里になるはずだが、この五海峡にかぎって三海里の旧来の幅にとどめた。その理由は、「非核三原則との整合性」にある。たとえば津軽海峡をすべて日本の領海とした場合に、米空母が核兵器を搭載したままこの海峡を通過すると、「核兵器の日本持ち込み」になり、非核三原則に抵触する。この抵触問題を回避するために、津軽海峡の一部を日本領海から外した「公海」扱いにしておき、この公海を通過する空母が核兵器を搭載していたとしても、それは「日本領海ではないから非核三原則に抵触しない」と苦しい弁明を繰り返した。知恵があるというべきか、小細工というべきか、評価は分かれるが、この糊塗策の矛盾を中国海軍が衝いてきたのだ。二〇一六年六月十五日、インド海軍の動きを追尾する中国海軍の調査船がトカラ海峡を通過したとき、当時の防衛相中谷元は強い口調で非難した。このとき中国国防部新聞局では記者との間で以下の問答が行われた。

記者の問　日本防衛省からの報道によれば、六月十五日早暁、中国海軍の艦艇が一隻、鹿児島付近の領海に侵入した由だが、これは事実か？　もし事実ならば、その目的は何か？

国防部新聞局の答　トカラ海峡は国際航行に用いられる領海海峡である。中国の軍艦が当該海峡を通過することは「国連海洋法条約」の定めた「航行の自由」の原則に符号したものだ。

日本政府は南シナ海における米軍による「航行自由の作戦」を手放しで礼賛してきたが、この「航行の自由」というキーワードを逆手にとり、中国海軍にも「航行の自由」作戦を行う権利がある、これは「海洋法で認められている」と逆襲してきたわけだ。国防部のコメントは短いので、これだけでは分かりにくいが、六月十七日午後発北京時事電を読むとその真意が解説されている。すなわち中国外務省の華春瑩副報道局長は十七日の記者会見で、こう敷衍した――。

海軍の情報収集艦が鹿児島県沖の領域を通過したが、「(通過した) トカラ海峡は国際航行に用いられる海峡である」「国際海峡においては、国連海洋法条約に基づいた「通過通航権」があり、日本の同意は必要ない」。ここで中国側がトカラ海峡は「国際海峡」であり、それゆえ

「通過通航権（right of transit passage）が保障される」と「航行の自由」を持ち出した点が重要である。防衛相中谷元は日本政府が国際海峡に定めているのは、上記の五海峡のみであり、「トカラ海峡はそれに当たらない」と「国内領海法の論理」を説明した。ところがこれは、中国からするとまるで説得力を欠く。米海軍はしばしばこの海峡を通過しており、今回はインド海軍まで通過しているではないか。これはトカラ海峡が「事実上、国際海峡扱いされている」ことを意味するではないか。ならば、中国海軍にとっても「航行自由の作戦」が許されないはずはない。

要するに、南シナ海における米軍の「航行自由の作戦」に付和雷同して、「航行の自由」を口真似しているうちに、中国海軍はこのキーワードを逆手にとり、日本列島に対する通過通航権の行使を主張し始めたわけだ。中国外交部の記者会見に戻ると、華春瑩は「「侵入」という状況は存在しない。（日本側は）まず国際法をよく学ぶべきだ」と正当性を主張しつつ、「通過通航権と無害通航権を一緒にしてはならない」とあたかも説教するごとき口調で中国の立場を強調した。日本政府、防衛省が無害通航権のコンセプトに基づいて、中国非難を繰り返したのに対して、中国側は通過通航権というもう一つの大国特権を持ち出して、米国に許している特権を中国も享受すると宣言したわけだ。

結論を急ごう。中国は由来、敵国ではないし、敵国扱いしてはならない。中国を敵視し、排外主義を煽ることによって延命する日本政治を変えることは喫緊の課題である。もしこの核兵器をもつ軍事大国である隣国が真に日本の敵国ならば、日本にとって有効な安全保障の道はありえないことを観念すべきである。ここで既存の日米安保第五条は頼りにならない。

米国本土が「日本の敵国に由来する諸国による核兵器」の脅威にさらされる時、仮にトランプ大統領が安保発動を決意したとしても、米国議会が大統領の提案に同意する可能性はほとんどない。米中両国は、戦略経済対話（S&ED）を重ね、中国による巨額の米国債保有[13]によって、いわば運命共同体と呼んでも過言ではないほどに、利害が固く結ばれている。米国はそもそも尖閣諸島に対する日本の主権を認めていない。そのような主権の帰属が紛争中の無人島の防衛を語るのは、所詮は対日リップサービスにほかならない。それゆえ、日本にとって真の安全保障への道は、近隣諸国を仮想敵扱いすることを直ちに停止して、共存共栄の隣国関係に戻すことを除いて、他に道はありえない。

小稿の冒頭で述べたように、八〇年代に海洋法が成立し、各国は九〇年代にそれぞれ批准した。そして国連の大陸棚限界委員会は、海洋法に基づく各国の申請を求めた。二百海里の経緯度を申告されよ、条件さえ整えば三百五十海里まで許される各国の大陸棚限界はどこまでか、線引き案を国連に申請されよ。申請に対する勧告を待って、隣国との境界を画定する作業に入る目論見であった。あにはからんや、ここで日本と中国、日本と韓国は、大きな誤謬を犯し、米国に漁夫の利を与える結果となった。平和的な線引き交渉に入るべき時に、棚上げ中の尖閣問題を棚から引きずり下ろし、領海の「線引き交渉に入るテーブル」をひっくり返したのだ。第二次大戦後、漁業資源をめぐる線引きには知恵を出し成功してきた関係諸国が「大陸棚延長」の課題が加わったとたんに理性を忘れて相争う姿は酷い。日本は海洋先進国を自任、自賛してきたが、中国や韓国に追われる立場に陥ったとたんに理性を失い、売り言葉に買い言葉で応じた。出発点で大きなミスを犯した、東アジアの近隣諸国は、いまや対話の糸口さえ見出せず、いがみ合う。これが二十一世紀初頭、東アジア世界を覆う憂うべき現実である。

追記　典拠とした注記資料は、いずれも公的サイトであり、二〇一七年七月十九日にアクセスを確認済みである。

註

（1）『尖閣問題の核心』（二〇一三年）、『尖閣衝突は沖縄返還に始まる』（二〇一三年）、『敗戦・沖縄・天皇──尖閣衝突の遠景』（二〇一四年）、『南シナ海領土紛争と日本』（二〇一六年）、『習近平の夢』（二〇一七年、いずれも花伝社）は、その記録である。
（2）http://www.un.org/depts/los/clcs_new/submissions_files/mysvnm33_09/mys_vnm2009excutivesummary.pdf
（3）http://jp.wsj.com/public/page/0_0_WJPP_7000-182864.html
（4）http://www.worldbank.org/ja/news/press-release/2014/04/29/2011-International-comparison-program-results-compare-real-size-world-economies
（5）矢吹晋『習近平の夢』花伝社、二〇一七年、一六一頁。
（6）http://unctad.org/en/Pages/MeetingDetails.aspx?Meetingid=1413

（7） http://un.org/depts/los/clcs_new/submissions_files/jpn08/com_sumrec_jpn_fin.pdf

（8） https://www.pcacases.com/web/sendAttach/2086

（9） It is to be noted that the so-called Oki-no-Tori-Islands is in fact a rock as referred to in Article 121(3) of the Convention. Therefore, the Chinese Government wishes to draw attention to the inconformity with the Convention with regard to the inclusion of the rock of the Oki-no-Tori in Japan's Submission. *Paragraph 452, p. 197. Note Verbale from the People's Republic of China to the Secretary-General of the United Nations, No. CML/ 2/ 2009* (6 February 2009)

（10） 日本国と中華民国との平和条約 http://www.geocities.jp/nakanolib/joyaku/js27-10.htm

（11） すなわち、①武力による威嚇又は武力の行使であって、沿岸国の主権、領土保全若しくは政治的独立に対するもの又はその他の国際連合憲章に規定する国際法の諸原則に違反する方法によるもの、②兵器（種類のいかんを問わない）を用いる訓練又は演習、③沿岸国の防衛又は安全を害することとなるような情報の収集を目的とする行為、④沿岸国の防衛又は安全に影響を与えることを目的とする宣伝行為、⑤航空機の発着又は積込み、⑥軍事機器の発着又は積込み、⑦沿岸国の通関上、財政上、出入国管理又は衛生上の法令に違反する物品、通貨又は人の積込み又は積卸し、⑧この条約に違反する故意かつ重大な汚染行為、⑨漁獲行為、⑩調査活動又は測量活動の実施、⑪沿岸国の通信系又は他の施設への妨害を目的とする行為、⑫通航に直接の関係を有しないその他の活動、以上である。

（12） 第三九条は「通過通航中の船舶及び航空機側の義務」を定めて、①海峡又はその上空を遅滞なく通過すること。②武力による威嚇又は武力の行使であって、海峡沿岸国の主権、領土保全若しくは政治的独立に対するもの又はその他の国際連合憲章に規定する国際法の諸原則に違反する方法によるものを差し控えること。③不可抗力又は遭難により必要とされる場合を除くほか、継続的かつ迅速な通過の通常の形態に付随する活動以外のいかなる活動も差し控えること。④この部の他の関連する規定に従うこと、等を船舶及び航空機側に義務づけている。

（13） http://ticdata.treasury.gov/Publish/mfh.txt 米国財務省のホームページによると、二〇一七年五月現在、中華経済圏の米国債保有は一兆四千七百九十七億ドル（うち香港千九百六十三億ドル、台湾千八百十二億ドル）

で、日本の一兆千百十三億ドルよりも、三千六百八十四億ドル多い。

第五章　習近平 vs.トランプ

一　シャンボー教授の「対中絶縁声明」からペンス副大統領「冷戦宣言」へ

旧体制と大革命

江沢民の執政十年・院政十年期に中国では、途方もない汚職が蔓延し、習近平は「虎も蠅もたたく」汚職追放作戦に二〇一二年秋の就任直後から取り組んだ。その皮切りに選ばれた教材が、なんとフランス革命前夜の政治腐敗を今日の中国と重ねて論ずる挿話であった。十九世紀フランスの政治学者トクヴィルが『旧体制と大革命』という著書で、革命前夜のフランスを描いた一文に曰く――この政府がこれだけ侵略的であり専制的であったにもかかわらず、最も微小な犯行や軽微な批判でも極度な不安に陥ってしまう……人々の拝金的な欲望を刺激してはそれを挫折させ、あたかも相反する二つの方向から自らの破滅を促している。

トクヴィルの本について習近平指導部のキーパーソンである新任の李克強総理と汚職追放に取り組む紀律検査委員会書記王岐山が愛読し、周辺に薦めていると報じられたとき、著者は現代中国の独裁権力の腐敗ぶりは承知していたから、やはり「革命前夜のフランス」か、腐敗退治を怠るならば、「中国独裁政権も明日は危うい」とする警告と理解し、納得した。同時に、愛読書推薦の担い手がナンバー2の李克強とナンバー6の王岐山である事実に著者は特に着目した。というのは、中国内外のマスコミでは、「太子党と共青団との権力闘争」の側面のみが一面的に強調され、「李克強の地位が王岐山によって奪われる」と見るような軽薄ウォッチャーの間違いを修正する動きと解したからだ。果たしてその後二〇一七年秋の党大会に至るまで、「太子党が共青団を脅かす」「李克強の地位を習近平が脅かす」「王岐山が脅かす」と見る誤解を繰り返す内外の専門家が後を絶たなかったことは、周知の通りである。

習近平は二〇一二年秋の党大会でトップに就任して以来、あたかも「プチ毛沢東」のように権力を固め、〝独裁的権力〟を行使するに至ったが、それによって「李克強や王岐山の地位が弱くなった」のではない。習近平を支える「助手としての李克強や王岐山の地位」には何ら変化がない。この党高政低という構図は、毛沢東対周恩来、江沢民対朱鎔基、胡錦濤対温家宝、すべてに共通する党務優先システムという中国流政治文化にほかならない。ちなみに王岐山は党務として紀律検査委員会書記を務め、政務として国務院監察部を指揮したが、その任務は習近平の指揮のもとで、虎退治作戦を「実行する任務」であり、実践面で、監察部の行政機構を駆使して、摘発チームを派遣し、汚職調査を展開した。しかしながら、彼は二〇一七年秋、二期十年の政治局常務委員の任期制限にしたがって引退し、その後、特段の規定のない名誉職的な国家副主席に就任した。

江沢民の指導体制は、一九八九年の天安門事件を契機としてスタートしつつ、一切の政治改革を封印して市場経済への道を歩み、世界第二の経済大国になったことは誰もが知る。その裏面は汚職と腐敗の高度成長期でもあった。日本の列島改造期にも似た不動産開発ブームと証券市場の急速な発展が不公正取引の温床と化した。たとえば「原始株」操作等々、枚挙にいとまがないほどだ。開発の許認可に関わる贈収賄の弊害が解放軍所有の不動産を管理する兵站部門におよび、ひいては大将・中将・少将のポストまで買官売官の対象となる始末だ。一説では将官級の買官疑惑者は二百名にのぼるというからすさまじい。

政治改革を封印したまま荒っぽい資本主義（ワイルド・キャピタリズム）を加速した結果が汚職の高度成長という苦い結果をもたらしたことになる。極め付きは軍の制服組のトップ徐才厚副主席が買官売官の嫌疑で党から除名され、軍政治部系統を代表する徐才厚の情実人事提案に副署してきたもう一人の副主席郭伯雄も同罪として処分されたことだ。江沢民軍事委員会主席を支えた二人の副主席が揃って買官売官がらみで失脚とは、空前の事態であった。この路線を転換するために、江沢民の提起したスローガン「三つの代表」を事実上否定して、習近平流のスローガン「四つの全面」をもって置き換える必要に迫られた。

汚職を放置するならば、民心は中国共産党や党の指揮する軍から離れ、党による統治の崩壊は必至である。すなわちフランス大革命に類似した中国大革命の再到来の危機だ。習近平が否応なしに、虎退治に乗り出した直接的契機は、二〇一二年の党大会前夜の人事抗争にあると見てよい。

習近平は、胡錦濤・温家宝の力を借りて、まず自らの政治的ライバルと目されていた薄熙来（重慶市書記、政治局委員）の処分に成功した。次いで二〇一四年七月初めに徐才厚（二〇〇七～一二年軍事委員会副主席、政治局委員）を処分し、七月末に周永康（二〇〇七～一二年政治局常務委員）を処分した。そして二〇一五年十二月には令計画（二〇〇七～一二年中共中央弁公庁主任）を組織調査処分に付した。ここで「組織調査」とは、中央紀律検査委員会が犯罪の嫌疑で「処分含みの調査を決定した」意である。薄熙来事件が摘発された当時、一部の中国メディアは、新四人組として、薄熙来・徐才厚・周永康・令計画の結託を指摘していたが、結果的にはその見通しを裏付けた形になる。新四人組とは、習近平が中国共産党のトップ指導者に就任する際に、これを妨害し、あるいは棚上げを図った勢力を指す。

江沢民時代に経済改革優先、政治改革停止の政経股裂き戦略を強行した結果、市場経済への移行過程の間隙に乗じた腐敗が生まれ、全面的な腐敗に発展した。

ここで鄧小平時代と江沢民時代との大きな違いを一つ挙げておく。鄧小平時代には、太子党の子女は中央委員レベル止まりであり、経済活動のみしか許されなかった。しかし江沢民時代には、この制約が解かれ、太子党の政治局入りを容認した。これによって政治権力と経済権力、そして軍事権力との癒着・結託の構造が定着し、中国版軍産複合体（ミリタリー・インダストリーコンプレックス）がビルトインされた。

では、誰が大泥棒周永康を権力の座に引き入れたのか。曽慶紅元常務委員・国家副主席である。二〇〇二年秋、引退する江沢民は後継者として曽慶紅を常務委員に昇格させるとともに、常務委員ポストを二つ増やした。七名から九名に増やすことによって、江沢民派を五名（曽慶紅、呉邦国、賈慶林、黄菊、李長春）に増やした。常務委員会の多数派をつくるために恣意的な配置を行ったわけだ。五年後の二〇〇七年秋、引退する曽慶紅が自らの後継者として常務委員に選んだ男が周永康である。しかもその担当分野としては、汚職摘発を握りつぶす権能をもつ中央政法委員会および中央紀律検査委員会の担当書記であった。汚職を摘発すべき機能をもつ党務の系統が汚職もみ消しを旨とする腐敗官僚に牛耳られた結果、汚職は摘発を免れ、汚職が汚職を呼ぶ構造がビルトインされて空前の腐敗が横行した。

慶親王は誰か？

このような体制を放置するならば、フランス大革命の「二の舞」（王岐山の表現）、すなわち中国共産党の支配体制の崩壊だ。どこから手をつけるか。核心は、周永康の子分たちからなる中央政法委員会を解体・再編することだ。手順としては、常務委員を二名減員して七名体制とし、政法委員会系統の機関を常務委員級からひとまずヒラの政治局委員級に格下げする。そのうえで、新たな十八期常務委員のなかから王岐山を抜擢して、再編・中央紀律検査委員会を介して、中央政法委員会系統を再編し、警察・検察・裁判の司法系統を再編する。このような中央機構の特別な再編措置によって王岐山は、ようやく周永康系統の妨害を排して紀律検査委を通じて虎退治を進めることができた。

全人代前夜の二〇一五年二月二十五日、紀律検査委のホームページに登場した影射史学エッセイは、歴史に借りた時評として、話題を呼んだ。後に明らかになった筆者は中央紀律検査委の幹部・習驊である。エッセイのタイトルは「大清〝裸官〟慶親王の作風問題」（二〇一五年二月二十五日）である。慶親王奕劻《えききょう》（一八三八〜一九一七）は、西太后・慈禧のもとで、首席軍機大臣や内閣総理大臣を務めた政治家だが、「宴会・麻雀大好き」人間であった。「中級幹部の段芝貴が銀十万両を贈呈したところ、ただちに黒竜江代理巡撫のポストを与えた」という。

英国『タイムズ』の有名記者G・E・モリソンによると、「慶親王の預金は七百十二・五万ポンドの巨額に上る。ちなみに作家ジェイン・エアが家庭教師で得た年収は三十ポンドに過ぎず、ダーウィンが購入した豪邸も二千ポンドだから、慶親王の預金の大きさが分かる」。慶親王はとりわけ英国系の香港上海銀行が好みで、国内の民族金融機関には一銭も預けなかった。もし百年後に生まれていたならば、慶親王は現代なら「裸官」といわれたであろう。裸官とは、裸体の官僚の意だが、財産や家族をすべて外国に移したので、中国国内では「裸同然」の意である。モリソンは少しも気兼ねなくこう書いた。「慶親王のやることは、まるで国家を生き埋めにするようなものだ。鍋の湯が沸騰しているのに、魚自身はそれに気づかない」。まさに日本流なら茹で蛙の図柄か。それゆえ「慶親王のケースは、平和時にリスクを思う（居安思危）格好の教訓ではないか」。

影射史学とは、古に仮託して現代の政治を風刺し、人物を揶揄するものだ。文化大革命期の有名な例としては批林批孔がある。批林が林彪批判であることは誰にも分かる。批孔は孔子批判の意だが、この文脈では総理周恩来を孔子になぞらえて批判したもので、これは江青夫人ら文革四人組が行ったキャンペーンの一つである。この種の影射史学は、鄧小平時代になると文化大革命の忌まわしい記憶とともに忘れられた。そのような、文化大革命期を思わせるあてこすりが、王岐山の率いる中央紀律検査委ホームページに掲げられたので、大騒ぎになった。慶親王とは誰をあてこするものか。「慶」の文字から、賈慶林、曽慶紅説が現れる一方、これは裸官批判の一般論にすぎまいといった論評が続いた。

これは、現代中国の政治文化の読み方としては、明らかに曽慶紅を風刺したものと読むべきだ。キーワードは外資銀行への巨額預金である。G・E・モリソンは英『タイムズ』の特派員として北京に駐在したが、国籍はオーストラリア人である。[1]外国銀行に預けた巨額預金とオーストラリア国籍という暗喩から、曽慶紅が息子曽偉をキャンベラに移住させた挿話を想起させる仕掛けだ。曽慶紅は一九三九年生まれだから、「もし一八三八年の百年後に生まれたら」という年齢比定もほぼ重なる。

ワシントンの風見鶏

さて中国内外で、この挿話が巷間語られている最中に、米紙『ウォールストリート・ジャーナル』がD・シャンボー（ジョージワシントン大学教授）の「対中絶縁声明」を発表した。[2] 曰く、①中国のエリートは片足を中国から出して、外国への逃亡を準備している。②「九号文件」という秘密通達に端的に示されるような政治的引き締めが習近平の統治下で深まっているが、これは政権崩壊に対処するためだ。③体制に忠誠心をもつ者でさえも、党活動はやるふりをするのみ。④腐敗蔓延である。⑤経済発展は減速・行き詰まっている。

これらの五カ条を挙げて、かつて旧ソ連が解体したように、中国共産党の支配も崩壊が近づいている。これらの条件を指摘し明日にも中国が崩壊すると語りつづけるオオカミ少年は、枚挙にいとまのないほどだから、この種の政治解説自体は珍しくない。

ただし、シャンボー教授のエッセイには大きな特徴が一つある。それは「曽慶紅のリーダーシップ」に対して最高度の評価を行う点だ。「曽慶紅処分が行われ、影響力を失うとすれば、もはや中国に希望はない」と彼は分析した。本書の著者の見るところ、曽慶紅はいわば元祖太子党として既得権益を享受する人々の利益代表であり、江沢民の代理人に過ぎない。そのような幹部を中国改革開放の担い手と誤解した評価は、人々を驚かせるに十分であった。

シャンボー教授の宗旨替えは何を意味するのか。近年しばしば訪中し、中国の要人や研究者等と交流し、米国チャイナハンドのいう Responsible Stake-holder-ism 体制作りのために努力してきたシャンボーに何が起こったのか。それが裸官慶親王ショックにほかならない。

著者自身は腐敗の根源が総書記・江沢民にあることをだいぶ前から見抜いていたので[3]、江沢民の大番頭・曽慶紅の引退後の批判に驚くことはなく、むしろ拍手を送りたい気分であった。ところがシャンボーは、曽慶紅一派に望みをつなぎ、米中対話のカウンターパートの黒幕と認識していたという事実には、著者は少なからず驚かされた。

シャンボーと曽慶紅との交流がどのようなものであったかは知らないが、米中戦略・経済対話は数年続いており、しかも対話を止められない事情が双方にあるから、曽慶紅失脚に接して、あわてるのはチャイナ・ウォッチャーとしては、未熟ではないか。いわんや曽慶紅とのパイプ断絶をもって、中国全体の未来を語るのは、軽率と評するほかはない――これが当時の著者の印象であった。

米国内では、「シャンボーの絶縁声明」は反響が大きく、その後『ニーヨーク・タイムズ』(二〇一五年三月十五日号)がバックリーによるインタビューを掲げた[4]。ここで重要なことは、ワシントンという政治都市では、政策作り優先ですべてが動いている事実だ。近年の米中対話の中心にあったシャンボー教授の変心がワシントンの対中政策にどのような影響を与えるのか、ポスト・シャンボーの政策プランナーは誰なのか、著者は注視していた。果たしてワシントンという政治都市における風見鶏の役割――これがシャンボー教授の役割であることが後に浮かび上がる。それはペンス副大統領の新冷戦宣言に至る三年余前のことであった。

二　ペンス副大統領の「新冷戦」宣言[5]を読む

二〇一八年十月四日、ペンス副大統領がハドソン研究所で講演したが、この内容は米国の対中不満を歯に衣を着せず、率直に語ることによって、相手国の中国のみならず世界を驚かせた。一部では二十世紀末のソ連解体三十年後に復活した対中新冷戦宣言とはやしたて、チャーチル元英首相の鉄のカーテン演説に比定する向きも見られた。[6]

ペンスは何を語ったのか——大要は以下の通りである（強調は著者による）。

マイケル・ピルズベリー博士[7]、ご来賓の皆様、そして「自由な方法で未来を考える」という使命に忠実であるすべての皆様、ハドソン研究所にまた来ることが出来て光栄に思う。この研究所は、半世紀以上にわたり、「世界の安全保障・繁栄・自由の育成」に貢献してきた。ハドソンの故郷は長年変化してきたが、一つ変わらなかったことがある。皆さんは常にその重要な真実を前進させてきたし、米国のリーダーシップは道を切り開いてきた。

そして本日は、国内外におけるリーダーシップの代表である第四十五代アメリカ大統領、ドナルド・トランプ大統領からの挨拶の言葉から始めたい。（拍手）

トランプ大統領は政権初期から中国や習近平国家主席との関係を重視してきた。二〇一七年四月六日、トランプ大統領は習近平国家主席をマーアーラゴ[8]に迎えた。二〇一七年十一月八日には、トランプ大統領が北京を訪れ、中国の指導者が温かく迎えてくださった。過去二年間にわたり、われわれの大統領は中国の国家主席と強固な個人的関係を築き、両国は共通の関心事項、最も重要な朝鮮半島の非核化について緊密に協力してきた。しかし、米国国民が知っておくべきことがあり、そのことをお伝えするために私はここに来た。それは、中国政府が、政治、経済、軍事的手段とプロパガンダを用いて、米国に対する影響力を高め、米国国内での利益を得るために政府全体にアプローチをかけていることだ。

中国はまた、かつてないほど積極的にその権力を利用して影響力を及ぼし、米国の国内政策や政治活動に干渉している。トランプ大統領は、長い間アメリカの指導者たちが提唱してきた原則や政策を生かし、アメリカの指導力をもって中国に対応するための断固たる行動を取ってきた。二〇一七年十二月に発表した国家安全保障戦略[9]で、トランプ大統領は大きな権力競争の新たな時代について述べた。諸外国は「地域的にも世界的にもその影響力を再び主張」し、「［米国の］地政学的な優位性に異議を唱え、［本質的に］国際秩序を有利に変えよう」している、と。

アメリカ革命戦争当時、新興米国が輸出のための新しい市場を探索した時、中国人は朝鮮人参と毛皮を積んだアメリカ人貿易業者を歓迎した。中国がいわゆる「屈辱の世紀」

（Century of Humiliation）の最中に憤りと搾取に苦しんでいた時、アメリカは参加を拒否し、自由貿易政策を提唱した。それは、中国との貿易を自由化し、中国の主権を守るためであった。

第二次世界大戦が勃発した時、米国は帝国主義との戦いで同盟国として中国と団結した。しかし、一九四九年に中国共産党が政権を握った直後から、共産党は権威主義的拡張政策を追求し始めた。共に戦ってからわずか五年後、朝鮮半島の山谷で、米中がお互いに「敵として」戦ったのは驚くべきことだ。その悲惨な朝鮮戦争でさえ、長い間、両国民を結びつけてきた絆を取り戻そうという相互の願望を少しでも失うことはなかった。中国と米国の疎遠な関係は一九七二年に終わり、その直後に米中は外交関係を再構築し、両国の経済の開放を始めた。

ソ連の崩壊後、米国は中国の自由化が避けられない（a free China was inevitable）ものと想定した。二十一世紀に入ると、分別のある楽観主義をもって中国に米国経済への自由なアクセスを与えることに合意し、世界貿易機関に加盟させた。これまでの政権は、中国での自由が経済だけでなく政治的にも、伝統的な自由主義の原則、私有財産、個人の自由、宗教の自由、全家族に関する人権を新たに尊重する形で、あらゆる形で拡大することを期待してこの選択を行ってきた。

しかしその希望は達成されなかった。自由への夢は、中国人にとっていまだ実現していない。中国政府はいまだに「改革開放」と口先だけは繰り返すが、鄧小平氏の有名なこの政策はうつろに響く。過去十七年間、中国のＧＤＰは九倍に成長し、世界で二番目に大きな経済となった。この成功の大部分は、米国による中国への投資によってもたらされた。また、中国共産党は、関税[10]、割当、通貨操作、強制的な技術移転、知的財産の窃盗、まるでキャンディのように手渡される産業界の補助金など自由で公正な貿易とは相容れない政策を大量に使ってきた。

中国の行為が米貿易赤字の一因となっており、二〇一七年の対中貿易赤字は三千七百五十億ドルで、世界との貿易赤字の半分近くを占めている。現在、共産党は「メイド・イン・チャイナ（Made in China）二〇二五」計画を通じて、ロボット工学、バイオテクノロジー、人工知能など世界の最先端産業九十％の支配を目指している。

最悪なことに、中国の安全保障機関は、最先端の軍事計画を含む米国の技術の大規模な窃盗の黒幕だ。そして、中国共産党は盗んだ技術を使って大規模に民間技術を軍事技術に転用している。中国は現在、アジアの他の地域を合わせた軍事費とほぼ同額の資金を投じており、中国は米国の陸・海・空・宇宙における軍事的優位を脅かす能力を第一目標としている。

中国は、米国を西太平洋から追い出し、米国が同盟国の援助を受けることをまさしく阻止しようとしている。しかし、彼らは失敗するであろう。中国はかつてないほど権力を行使している。中国の船舶が、日本の施政下にある尖閣諸島周辺を定期的に巡回している。そして、中国の指導者は二〇一五年にホワイトハウスのローズガーデン記者会見で、中国は南シナ海を「軍国主義化する意図はない」と発言したが、中国は今日、人工島に建設された軍事基地の列島上に、高度な対艦ミサイルと対空ミサイルを配備した。

ここ数年、中国は自国民に対する統制と抑圧へ急激な転換をした。今日、中国は他に類を見ない監視国家と化しており、時に米国の技術さえ借りて、ますます拡大し、侵略的になっている。彼らがグレート・ファイアウォール（金盾工程）と呼ぶ壁も厳しくなり、中国人の情報への自由なアクセスを大幅に制限している。そして二〇二〇年までに、中国の支配者たちは、人間の生活の事実上すべての面を支配することを前提とした、「社会的信用スコア」と呼ばれるジョージ・オーウェル式のシステム（Orwellian system premised on controlling virtually every facet of human life）を実施することを目指している。

ピルズベリー博士が書いたように、「中国は米国政府の行動と目標に反対してきた。確かに、中国は米国の同盟国や敵と独自の関係を築きつつあり、それは中国のいかなる平和的、生産的意図とも矛盾している」。実際、中国はいわゆる「借金漬け外交」（debt diplomacy）を利用してその影響を拡大している。今日、中国は、アジアからアフリカ、ヨーロッパ、さらにはラテンアメリカ政府へのインフラローンに何十億ドルもの資金を提供している。しかし、これらの融資条件は良くても不透明であり、常にその利益は中国に圧倒的に流れている。

中国共産党は昨年から、中南米三カ国に対し、台湾との関係を断ち切り、中国を承認するよう説得している。これらの行動は台湾海峡の安定を脅かすものであり、米国はこれを非難する。米国政府は、三つの共同声明や台湾関係法に反映されているように、「一つの中国政策」を尊重し続けるが、台湾の民主主義への支持は、全中国人からみてもより良い道であると信じている。

トランプ大統領のリーダーシップのもと、米国は新たな国力でわが国益を守る。われわれは世界史上最強の軍隊をさらに強化してきた。二〇一八年初め、トランプ大統領は、ロナルド・レーガン以来最大の国防費増額の法案に署名し、七千百六十億ドルを投じて米軍の兵力をすべての分野に拡大した。トランプ大統領の指示により、われわれは中国製品への二千五百億ドルの関税も実施しているが、最も高い関税は、特に中国政府が把握しコントロールしようとしている先進産業を対象としている。また、公正かつ互恵的な合意がなされない限り、米国はさらに多くの関税を課し、その数を実質的に二倍以上増やす可能性がある。

本日は、中国の国内での行動について、米国が知っていることをお伝えしたい。そのうちのいくつかは諜報活動の評価から得たもので、一部は公開されている。しかし、これらはすべて事実であります。

最悪なことに、中国はアメリカの世論、二〇一八年の選挙、そして二〇二〇年の大統領選挙につながる情勢に影響を与えようとする前例のない取り組みを始めた。率直に言って、トランプ大統領のリーダーシップは機能している。中国はトランプではない、別のアメリカ大統領を望んでいる。中国は疑いなく、米国の民主主義に干渉しているのだ。

米国は、中国との関係改善を期待しつつも、われわれの安全保障と経済のために引き続き強い態度を堅持する。現政権は、米国の権益・雇用・安全保障を守るため、断固とした行動をとり続けていく。米軍の再建に伴い、インド太平洋全域で米国の権益を主張し続ける。われわれは、中国の貿易慣行に対応しつつ、自由で公正かつ互恵的な中国との経済関係を引き続き要求していく。わが国の市場を開放したのと同様に、中国が貿易障壁を撤廃し、その義務を果たし、市場を完全に開放することを要求する。われわれは、米国の知的財産の窃盗が完全に終了するまで、中国政府に対して行動を続ける。そして、中国政府が強制的な技術移転という略奪的な慣行を止めるまで、引き続き断固とした態度を取るであろう。われわれは米国企業の私有財産権を保護する。

米国は対米外国投資委員会（ＣＦＩＵＳ）を増強し、国家安全保障を中国の略奪行為から守るために、中国の対米投資に対する監視を強化した。そして、米国の政治・政策に対する中国政府の悪意ある影響力と干渉については、それがどのような形であろうと、引き続き暴露していく。われわれは、社会のあらゆるレベルの指導者と協力して、国益と最も大切にされている理想を守る。米国国民が決定的な役割を果たすであろう。われわれがここに集まっているように、アメリカ中に新しいコンセンサスが生まれている。知的財産権を放棄したり、中国の抑圧を助長したりすることを意味するのであれば、さらに多くの企業家たちが、次の四半世紀を考え、中国市場に参入することについてためらうだろう。しかし、もっと多くの人がこの後に続かなくてはならない。たとえば、グーグル（Google）は、共産党による検閲を強化し、中国の顧客のプライバシーを侵害するドラゴンフライ（Dragonfly）[11]アプリの開発を直ちに終了すべきである。

今日、米国は中国に手を差し伸べている。北京政府がすぐに言葉ではなく行動で、米国に対する新たな敬意で対応されることを望む。しかし中国との関係が公平、相互、そして主権の尊重が基礎となるまで、米国は態度を弱めない。「人間は現在しか見ないが、天は未来を見る」という古代中国の諺がある。将来に向け、われわれは決意と信仰をもって平和と繁栄の未来を追求しよう。トランプ大統領のリーダーシップとビジョン、そして彼が中国の最高指導者と築いた関係への信頼、アメリカ人と中国人の変わらぬ友情への信頼、そして、天が未来を見るという信仰、そして神のお恵みによって、アメリカと中国はその未来を一緒に見るであろう。

ペンス演説は一面ではトランプ大統領の対中スタンスを代弁するものだが、共和党・民主党という政党レベルの立場を超えて、米国全体の対中不満を代弁するものと受け取られた。このペンス演説を安易にチャーチル演説と対比するのは、時代も背景も米中相互依存関係も異なっている事実からして適切ではないが、米国内外の世界の多くの人々がこれに深い関心を抱いて、米中関係と膨張する中国の行方を見詰めようとしたことは確かであろう。

三　「膨張する中国」への懸念――国防総省諜報局の報告書(12)

ペンス演説の直後、国防総省諜報局が作成した「中国膨張報告書」(二〇一八年十二月)が米国全体の不満を裏付けている。興味深い数字も多いので、重要なものを抜き出してみよう。

＊＊＊

一帯一路という名のインフラ投資構想

中国の一帯一路は二〇一三年に公表されたが、その目的は輸送インフラ、天然ガスパイプライン、水力発電プロジェクト、技術・工業圏《パーク》により、中国経済の通商的靭帯の拡大強化を図るものであった。中国は一帯一路によって、通商の連結性を強め、国内の過剰生産能力を消化し、貧しい内陸地区を発展させ、エネルギー安全保障を促進し、通貨元を含めて中国の工業・金融基準を国際標準化することを意図した。一帯一路計画は経済的配慮を動機とするかに見えるが、それはまたより大きな戦略目的にも役立つ。中国は一帯一路により他国との経済的連携を発展させ、その利益を中国と一蓮托生ならしめ、中国のアプローチあるいはスタンスへの批判や対決からはずそうとしている。一帯一路に参加した諸国は中国の資本や労働への過度の依存に基づく経済的従属に陥る恐れがある。一帯一路の投資の一部は、もしインド太平洋地域、地中海、そして大西洋における中国の権益を維持するのに必要な兵站や海軍の展開と結合するならば、中国にとって軍事的優位性をもたらすであろう。中国企業によって建設され、運営される港湾が二〇〇八〜二〇一七年にどれほど増えたかは図5―1の通りである。

二〇一七年に中国の指導者たちは、一帯一路はアジア、南アジア、アフリカ、ヨーロッパとの経済的イニシャチブを含むと述べたが、いまは北極や南米を含めて世界のすべての地域におよび、北京の野心の広がりを示している。中国はまた海の一帯一路ビジョンを二〇一七年に提起したが、ここには三つの海上回廊と海上安全協力の重要性が描かれている。

一つの回廊は中国からインド洋を経てアフリカ、地中海に至る道だ。

もう一つは中国からオセアニア、南太平洋へ至る道だ。

図５－１　中国（企業）による港湾の運営状況（2008-2017）

港　名	英語表記	国　名	港湾の運営
アビジャン	Abidjan	コートジボワール共和国	中国企業が建設中
アレクサンドリア	Alexandria	エジプト	中国企業が運営
アントウェルペン	Antwerp	ベルギー	中国企業が運営
バルボア	Balboa	パナマ	中国企業が運営
ブリスベン	Brisbane	オーストラリア	中国企業が運営
ブエノスアイレス	Buenos Aires	アルゼンチン	中国企業が運営
プサン	Busan	韓国	中国企業が運営
コロンボ	Colombo	スリランカ	中国企業が運営
ダルエスサラーム	Dar es Salaam	タンザニア	中国企業が運営
ダーウィン	Darwin	オーストラリア	中国企業が運営
ハイファ	Haifa	イスラエル	中国企業が建設中
ハマド港	Hamad Port	カタール	中国企業が建設中
ジャカルタ	Jakarta	インドネシア	中国企業が運営
ジッダ	Jeddha	サウジアラビア	中国企業が建設中
カラチ	Karachi	パキスタン	中国企業が運営
ニューカッスル	Newcastle	オーストラリア	中国企業が運営
ピレウス	Piraeus	ギリシア（アテネの南西）	中国企業が運営
ポワントノワール	Pointe Noire	コンゴ共和国	中国企業が運営
ポートクラン	Port Klang	マレーシア	中国企業が運営
ジブチ港	Port of Djibouti	ジブチ共和国	中国の基地
ポートサイド	Port Said	エジプト（スエズ運河の北端）	中国企業が運営
ロッテルダム	Rotterdam	オランダ	中国企業が運営
ストックホルム	Stockholm	スウェーデン	中国企業が運営
ウォルビスベイ	Walvis Bay	ナミビア国	中国企業が建設中

Source: Department of Defense, *Assessment on United States Defense Implications of China's Expanding Global Access*. Dec. 2018. p.7.

最後は中国から北極海を経てヨーロッパに至る道だ。

中国政府は一帯一路を外交政策の中心に据えてこれらの目的を追求している。国家発展改革委員会は一帯一路を導く指導機関であり、五名の政治局委員がその小委員会の指導小グループに参加している。二〇一八年一月に中国は一帯一路に関わる争いを裁く二つの法廷を設けたが、この法廷が国際的ルールと基準に基づくのか、それとも中国の法と慣行に基づくのか、論争が生じている。二〇一八年三月、中国は国際協力庁を設立し、商務省と外交部が扱ってきた国際援助と責任の統合を図ろうとしている。二〇一八年九月、中国はアフリカの五十三カ国と「中国・アフリカサミット」を開き、習近平は「未来を分かち合う中国・アフリカ共同体」を呼びかけ、六百億ドルの支出を約束した。

国際軍事演習

解放軍の国際軍事演習は、二〇一七〜一八年にインド太平洋地域の外でも継続された。軍事演習の多くは反テロリズム、国境の安全、PKO、災害救援を目的とするものであったが、一部は通常の陸・海・空の戦闘訓練を含んでいた。

二〇一七年四月に二国間初の軍事演習がネパールで行われた。この演習は反テロリズム作戦を目的としたもので、中国の国防相常万全の訪問の前に行われた。二〇一七年七月にロシアとの合同演習がバルト海で行われ、さらに九月に日本海・オホーツク海で行われた。これら二つの演習では、潜水艦救助、対空、対潜水艦作戦が行われた。これは中国海軍にとってロシアとの五回目の演習であり、バルト海では初の演習であった。

二〇一七年九月、中国はパキスタンとの間で六回目のシャヒーン演習を行った。これは両国の空軍を緊密にすることを目的とした。今回の訓練には実弾の夜戦、空軍支援作戦に加えて、初めて海軍航空隊が参加した。二〇一八年三月に、カンボジア空軍との間で二〇一六年以来二回目の合同訓練が行われた。二〇一八年の金龍作戦には、二百十六名の解放軍将兵が含まれ、反テロリズムと人道支援、災害救援を目的とした。中国とカンボジアの参加将兵は実弾射撃訓練と人質救援活動を行った。カンボジア国防相と中国大使が演習を観閲した。

中国海軍の誘導ミサイル駆逐艦と誘導ミサイルフリゲート艦が五月にインドネシア海軍主催のコモド（Komodo 2018）に参加し、多国間訓練が行われた。米国、フランス、インドネシア、マレーシア、ロシア、タイが六日間の訓練に参加したが、これには港湾局面、海上局面、市街局面が含まれる。米国は訓練任務グループに参加したが、これにはロシアあるいは中国が含まれていない。解放軍はロシアとの初めてのVostok軍事演習を二〇一八年九月に行った。解放軍は三千二百名の兵士、六百～九百カ所の軍事施設、三十機の航空機、ヘリコプターから構成されていた。この演習はロシアにとって一九八一年以来最大のものであった。中国海軍はオーストラリア最大の海軍演習カカドゥ（Kakadu）に二〇一八年九月に初めて参加した。これには米国を含めて二十七カ国が参加した。

インフラ投資——「デジタル・シルクロード」建設を提唱

習近平は一帯一路に加えて、「二十一世紀デジタル・シルクロード」建設を提唱している。この「フロンティア」には、ビッグデータ、クラウド・コンピューティング、「スマートシティ」に加えて、デジタル経済、人工知能、ナノテク、量子コンピュータが含まれる。習近平はまたとりわけ途上国における情報通信インフラの建設と、サイバー・セキュリティやグローバル・インターネットのガバナンス改革をリンクさせるよう提案している。中国の国有企業あるいは国有企業影響下の企業は、中国電信（China Telecom）、中国聯通（China Unicom）、中国移動（China Mobile）、華為技術（Huawei）、中興通訊（ZTE）を含めて、5Gモバイル通信や北斗衛星ナビシステムと結ばれたファイバー光学リンク、海底ケーブル、リモートセンシングのインフラ建設に投資をするか、あるいはシステムを受け入れている。

こうした中国の科学技術の連携は独自の技術標準を促進し、技術移転の対象となるだけでなく、政治的動機をもつ検閲にも役立つことになる。これらのプロジェクトを通じて合法的に入手したデータは、人工知能のように中国自身の技術開発にも役立つ。中国はグローバル競争から中国企業を守るために、米国に本拠を置くクアルコム社がオランダのNXP社を買収する承認を拒否しようとした。二〇一八年七月、米連邦通信委員会は中国移動に対して米国での業務について「米国の法の適用と安全保障上の問題が解決されない」と申請を拒否した。二〇一八年八月に、米防衛当局の二〇一九会計年度国防授権法は、連邦政府が華為技術と中興通訊のビデオ監視設備を買いつけることを禁じた。

より大きな経済的トレンド

中国の投資はグローバルな見通しをもって行われている。アメリカン・エンタープライズ公共政策研究所とヘリテージ財団がまとめた中国グローバル投資トラッカーによると、二〇〇六～二〇一七年の中国の累計投資額（一億ドル以上のものを追跡）は、対ヨーロッパ二千九百九十億ドル、対北米二千二百三十億ドルであるが、対東アジア・東南アジア千二百億ドル、対南米九百八十億ドル、対オーストラリア九百十億ドル、対西アジア（南アジア、中央アジア、ロシア）八百五十億ドル、対サハラ以南七百七十億ドル、対中東・北アフリカ三百十億ドルである。

直接比較できるデータは得られないが、米商務省の統計によれば、米国の投資はサハラ以南アフリカ、西アジアを除けば、中国を上回るが、ヨーロッパでは中国投資の半分に過ぎない。トラッカー調査により建設契約高を見ると、二〇〇六～二〇一七年累計で、対サハラ以南二千五十億ドル、対西アジア千六百三十億ドル、対中東・北アフリカ千三百億ドル、対南米五百二十億ドル、対ヨーロッパ三百八十億ドル、対オーストラリア百五十億ドル、対北米百億ドルである。大半の中国の建設契約は二〇一三年に発表された一帯一路構想に基づいて進められている。

技術の獲得

中国はグローバルな活動の拡大を通じて、軍事技術と軍民共用技術の入手のために、合法・非合法を問わず、新たな機会を享受している。

軍事技術――航空機や戦車、艦船用エンジン、固体電子工学、マイクロプロセッサー、誘導コントロールシステム、最先端精密工作機械、診断用医学器械、CADを含めて、中国は標的にした外国技術とノウハウの獲得によって、軍事技術の現代化を続けてきた。中国は外国技術をリバースエンジニアリングを用いて利用してきた。国内で製造の困難なハイテク技術をたとえばロシアやウクライナから導入してきた。ロシアからSA-X-21b（S-400）型地対空ミサイルシステムやSu-35戦闘機のような先進的防衛設備を買いつけ、中ロ共同デザインの重型ヘリコプター、ディーゼル電気潜水艦を開発してきた。中国はロシア国内に共同生産工場を建設するとともに、共同生産した電子部品を購入してきた。近年は攻撃用ホーバークラフトと航空機エンジンをウクライナから買う契約に署名した。

軍民共用技術――中国は「メイド・イン・チャイナ二〇二五」のような国家の主導する戦略産業を通じてグローバルリーダーシップを追求している。このほかにも二〇三〇年までに人工知能で世界のリーダーになる目標を追求している。中国はまた外国からの輸入、外国への直接投資、工業やサイバースパイ、研究開発センターの設立によって、重要な軍民共用技術の獲得を積極的に追求している。中国は合弁企業に対して技術移転を強要しているが、海外に進出した中国企業は同じ態度をとっていない。敏感なノウハウの獲得のために、北京はますます人材をリクルートして、中国に送っている。

第十三次五カ年計画における防衛産業

二〇一六年、中国は第十三次五カ年計画（二〇一六～二〇二〇）を立てたが、それは研究開発と技術革新に焦点を当てている。防衛産業には、ターボファン技術、ガスタービン、量子通信、コンピュータ計算、電子とソフトウェアの技術革新、オートメーションとロボット技術、特殊原材料、アプリケーション、ナノテク、神経科学、人工知能、深宇宙探査、軌道上のサービス提供およびメンテナンス・システムが含まれる。

中国が力を入れている他の分野には、核融合、超音速技術、多目的衛星群《コンステレーション》の配備と強化が含まれる。軍民統合と国際的経済活動には、これらの目標を支援する努力が含まれる。中国が標的にしている核心技術は、多様な産業で発展している。これらは経済成長に寄与するのみならず、米国の軍事的優位を脅かす。この優位は最良の技術を生み出すのみならず、軍事的優勢を守り、創造する。もし中国による合法・非合法の目的追求を弱体化させなければ、米国の安全保障技術の基礎は溶解するであろう。

メディア作戦および影響力の拡大作戦

　過去十年、中国は外国語メディアに対してかなりの投資を行ってきた。たとえば中国国営の新華社は二〇〇九～二〇一一年に新支局を四十カ所設けて、特派員を倍増した。二〇一七年現在百六十二支局を数えるが、二〇二〇年までに二百に増やすことを目標としている。中国の公式メディアの存在は重要な問題について当該国で世論形成を行う努力を反映している。習近平は新華社のメディアサービスたる China Global Television Network が「中国を巧みに語り、中国の声を広げる」と語った。

　中国は外国におけるニュースメディアの組織作りのために直接間接の投資を行ってきた。米国メディア市場における中国の公式の投資は国営メディア機構の拡大にとどまっている。たとえば新華社と中国日報（China Daily）は、米国でそれぞれ二〇一一年と二〇〇九年に業務を始めた。同様に二〇一二年には、中央電視台が CCTV America を立ち上げた。しかしながら中国は、米国や他の国においてメディアに対する投資を曖昧にしている。たとえば、二〇一五年のロイターレポートによると、中国国営の中国国際放送（CRI）は米国を含む十四カ国の三十三放送局で、その子会社を隠している。これらの放送局は親中国の内容を放送するが、外国代理人登録法[13]による代理人登録を行っていない。

中国政府は民間のメディアオーナーやジャーナリストに対して中国を好意的に描くよう、良好な関係作りを行っている。これらの努力は国際社会での世論形成への願いを示している。中国はまた他の手段を用いてグローバル世論に影響力を行使しようとしている。たとえば、中国は教育部傘下の孔子学院を五百以上の外国大学構内に設けている。孔子学院の目的は、中国語と肯定的な中国イメージを広め、教師や学校がカリキュラムのなかに中国語と中国学を組み込み、中国の文化と社会を教育することだとされている。

観光と旅行

中国人の海外旅行は過去十年で飛躍的に増え、アジアの多くの国にとって頼りになる収入源となった。中国の指導者たちは、観光客の制限を経済的手段として用いている。たとえば二〇一二年に中国とフィリピンが、南シナ海のスカボロ礁をめぐって対立したとき、中国はフィリピンへの観光客を制限した。

二〇一六～二〇一七年には、韓国が米国のミサイル防衛システム配備をボイコットするよう求めて、観光客を制限した。中国はグアムやテニアンで、ペンタゴンの活動を監視するために、中国資本による観光客用施設を建設しようとするかもしれない。このほか、中国の建設労働者が非合法で当該国に滞在し続けるような手段で、安全保障上の盲点をつくるかもしれない。

中国の活動と米国の警戒

上述のような中国のグローバルな活動の拡大は米中双方にとって軍事力の形勢、アクセス、訓練と兵站に含意をもつ。より広く、それらは政治的影響力を形成する。

A 軍事力の形勢とアクセス

外国における中国の勢力の拡大は、中国本土から離れた遠方で解放軍が力を行使することを可能にする。解放軍はジブチに初の外国軍事基地を建設したが、これはインド洋以西における解放軍の活動の転換点をなすシグナルとなろう。これらの基地は次の十年における解放軍の能力拡大とあいまって、通常兵力の発動を妨げる中国の能力を強化し、外国での作戦を支持し、戦略的経済回廊にリスクをもたらす。解放軍の任務範囲の拡大と外国におけるプレゼンスの強化は、解放軍が中国の海外権益を守り、中国人員への支援を提供することになる。中国のプレゼンスの増大は、将来において解放軍がグローバルな公共財を提供する際立った役割を果たす可能性をも示唆する。

重要なことだが、中国の能力拡大は地域的任務にもグローバルな任務にも用いられるが、中国の軍事戦略は地域紛争における潜在的第三者の介入を打ち負かすことにとどまる。この戦略は「中国の軍事戦略」と題された二〇一五年国防白書で書かれ、解放軍国防大学の戦略科学では、地域衝突に勝ち、統合的同時的指揮と統制ネットワークとして展開できる強力な戦闘部隊の建設と解説されている。

二〇一七年初めになると、「中国のアジア太平洋安全協力政策」と題する白書で、この戦略はより広く語られることになる。中国の増大する海外権益を「利用できなくさせる要素、不確かにする要素」から守るために、解放軍が遠征活動や他の活動を行う必要性を強調した。原文二頁に記された解放軍の八つの戦略任務には地域的要素もグローバルな要素も含まれている。

中国の軍事戦略に含まれる地域的要素には、以下のものが含まれる。中国は東シナ海と南シナ海、および中印国境で、未解決の陸上、海上の国境紛争を抱えている。これらの紛争には、米国の同盟国が抱く長期の懸案や条約上の約束、あるいは安全保障上の関係を急速に深めている戦略的相手国も含まれる。中国は東シナ海と南シナ海においては低密度の強制（low-intensity coercion）を要求している。解放軍は台湾海峡においては、台湾が独立を先延ばしし、放棄させるべく備えている。解放軍は第三者が台湾に介入することを否定しつつ、大陸と台湾の統一に備えている。

二〇一七年に発表された台湾の国防白書は、解放軍の軍事活動が「台湾海峡の安全に巨大な脅威」となっていると指摘し、台湾が解放軍の進出に対抗するためには、対称的な武力を展開するとともに「多角的な抑制戦略」が必要だと述べている。中国の海外権益を守るための軍事的オプションあるいは紛争に対処するためには、解放軍はグローバルな展開能力を要するし、またより広範なグローバルな活動は、転じて政治的影響力にも資する。

解放軍の兵力構造は、これらの任務に対応して発展してきた。

①中国の現代的海軍プラットフォームは、海軍の戦闘能力を高め、陸上防衛から離れた海域においても信頼できる海軍力を発揮できる。中国の近海を越えた海域での海軍の作戦能力の管理とともに、太平洋インド洋海域における標的に打撃を与える能力をもつ。大洋における作戦能力の改善によって、海上の安全保障は近海遠洋を問わず、より効果的に権益を防衛できよう。中国が現に保有する空母および計画中の空母は、近海を越えた遠洋で防衛の傘の役割を果たすことになる。中国海軍にとって海上から陸地攻撃ができることは、緊急の課題であろう。中国の軍事専門家は、遠洋における防衛戦略は、長距離の陸地攻撃クルーズミサイルによって海上で陸地を守る能力を改善しなければならないと主張している。

②解放軍の陸地ミサイルと空軍は、沿岸防衛のような守勢の防衛作戦とともに、国境閉鎖や領土封鎖のような攻撃的任務を遂行できる能力をもつべきである。このために中国は諜報・監視・偵察の能力を強化して、それによって索敵を改善し、認識できた脅威に対して時宜を得た攻撃が可能となる。

B　訓練と兵站

中国海軍の第一島嶼線を越える任務は控え目だが、遠洋での経験とより先進的なプラットフォームを獲得しつつある。中国の遠洋作戦経験は、アデン湾における海賊退治から得たものだ。二〇一七年に解放軍は、現代戦と合同作戦という現実的訓練に焦点を当てた改正軍事訓練規定と新軍事訓練概要の導入を始めた。

①二〇一七年に中国海軍は、西／南太平洋とインド洋で、さらにベーリング海で二度目となる訓練を行った。中国海軍の三隻がアジア、ヨーロッパ、アフリカ、オセアニアの二十カ国を訪問する長期の親善訪問を行った。他の中国海軍三隻はバルト海を航海し、ロシア海軍と合同訓練を行い、両国の合同海上訓練の一部とした。両国海軍は対空、対潜水艦作戦を行い、潜水艦救助訓練も行った。

②中国は二〇一七年にアデン湾で三隻の船隊により中国商船を海賊から守る九年来の作戦を継続した。これは中国にとって初めてのアジア太平洋地域を越えた継続的な海軍作戦である。中国海軍はまたインド洋で潜水艦を展開し、同地域における作戦で、南シナ海を越えた海域での中国の権益防衛の示威を行った。

③中国の情報収集船・補助的情報収集船（AGIs = auxiliary general intelligence ships）は、二〇一七年に第一島嶼線をはるかに越えて活動した。815A 東調級 ＡＧＩは、二〇一七年七月

に米豪の海軍演習に対して珊瑚海で情報収集を行い、別の東調級ＡＧＩは、アラスカ沖まで航海して、サード（Thaad = Terminal High-Altitude Air Defense）ミサイル防衛システムの実弾訓練をモニターしようとした。

兵站と情報の弱体は軍艦建造にもかかわらず、特に中国から離れた海域では活動の障害になっている。中国初のジブチ海軍基地はインド洋作戦における兵站への負担を軽減するかもしれないが、次の十年には中国は別の兵站基地を建設するかもしれない。過去二十年の間に中国は兵站の改革において大きな進歩を遂げ、解放軍の快速動員能力、特に災害救援や演習における大作戦のための部内通信線は強化された。二〇一六年以来、解放軍は、組織改編を行ってきた。解放軍のグローバルな活動の拡大は、経験を獲得し、兵站能力を改善するよい経験となった。

Ｃ　影響力への機会

中国のグローバルな活動の拡大は、影響力の行使にも役立った。

中国の気前のよい投資は受け入れ国に恩恵を与えるが、しばしば紐付き融資である。一部のケースでは、中国の投資とプロジェクト融資は通常の金融市場をバイパスして、受け入れ国にとって不利なものとなる。低い水準の建設、地元の企業と労働者の機会削減、債務の集積等である。二〇一八年に生じたいくつかの例を挙げよう。

①マレーシア＝二〇一八年八月以降、地元会社ならばコストは半分で済むとして、一帯一路のいくつかのプロジェクトをキャンセルした。

②パキスタン＝二〇一八年九月、中国とパキスタンを結ぶ経済回廊に絡む六百二十億ドルの金融支援プロジェクトの再検討を発表した。カーン首相の顧問によると、先の内閣は「中国に対して譲りすぎた」ので、再交渉が必要だと語った。同政府は後日、文脈を無視したコメントであったと修正した。

③モルディブ＝同国金融相は二〇一八年十一月、中国は約束よりもかなり高い価格でインフラを建設していると述べた。

④アフリカに対する中国の追加援助六百億ドル＝IMFは二〇一八年初めにサハラ以南アフリカは債務の圧力に直面していると警告した。他のケースでは、不公正な取引が目先の利益のために行われているが、これは受け入れ国のコスト増をもたらしている。

⑤アルゼンチン＝中国は二〇〇九年に通貨スワップ協定を結んだが、これは五十年間金利なしで五百エーカーの衛星追跡施設を建設する見返りに、アルゼンチン通貨の安定化をはかるものだった。

⑥タジキスタン＝同国の対中債務によって中国は二〇一一年に一千平方キロメートルの

係争中の領土を受け取ることに同意した。

⑦スリランカ＝中国国有企業は約二十億ドルでハンバントタ港のインフラを建設したが、二〇一七年にスリランカが債務返済を怠ったので、同港湾を中国の国有企業が九十九年租借する契約を結んだ。

⑧エクアドル＝原油埋蔵量の九十％近くについて中国は商品を担保としたローンを組んだ。

⑨ザンビア＝対中国債務は六十〜百億ドル、その回収のために中国は電力会社を担保にしたとボルトン補佐官が二〇一八年十二月十三日に講演した。

その他の形態。中国は特定の政治目的を達成するため、経済的刺激策あるいは経済的強制策を用いて、多くの国々に対して悪影響を及ぼしている。

①ドミニカ＝二〇〇四年に一・二二億ドルの経済援助を受けて台湾との国交を断絶した。

②日本＝尖閣諸島をめぐる海上衝突が起こり、二〇一〇年に中国はレアアースの輸出を停止しつつ、「日本への輸出割当枠に達したため」と説明した。

③ノルウェー＝鮭の輸入を中国は二〇一〇年に削減して、外交関係と貿易交渉を中断した。これは中国の反体制活動家劉暁波に対してノーベル平和賞を授与したことへの報復である。

④キューバ＝四十〜六十億ドルの債務借換とともに、二〇一一年に中国はサンティアーゴ・デ・クーバ港の近代化工事に同意した。

⑤フィリピン＝中国は、スカボロ礁での衝突後バナナの輸入を停止し、観光客のフィリピン旅行を制限した。

⑥台湾＝二〇一六年に蔡英文が総統に選ばれ、中国は台湾への観光客を制限した。

⑦モンゴル＝二〇一六年のダライラマの訪問後、中国が経済援助借款を停止してモンゴル経済が悪化したため、ＩＭＦに救援を求めた。中国はモンゴルからの鉱産物輸入手続き費用を上げ、国境を一時的に閉鎖した。

⑧韓国＝サード配備に抗議して二〇一六年に中国は、観光客を制限し、輸入を削減し、中国で開店している九十近くの韓国系スーパーを閉鎖させた。

⑨ドミニカとエルサルバドル＝それぞれ二〇一八年五月と八月に台湾と断交し、北京と国交を正常化した。中国は経済的刺激策を他の諸国に対しても用いる可能性がある。

米国の対応として何が必要か

ペンタゴンは中国のグローバルな活動の拡大が軍事的に何を意味するかについて、その評価を継続し、また万一抑止に失敗した場合には、戦って勝てる、信頼に値する軍隊を提供できるように努めている。重要なことだが、ペンタゴンは中国の膨張するグローバル活動のすべてを問題視しているのではない。多くの諸国が経済発展のニーズをもっており、特にインフラ建設はそうだ。アジア開発銀行はインド太平洋地域の諸国が二〇三〇年までに二十六兆ドルのインフラ投資を必要とすると推計している。加えて貿易と投資は米国を含めて長期の経済的利益をもたらす。中国による投資活動が主権と法の支配を尊重し、持続可能な金融を用いて、透明性に依拠して経済的に持続可能なやり方で行われるならば、米国は反対しない。「自由で開かれたインド太平洋地域」の原則は、最高のものであるべきだ。この原則のもとで諸国は経済的利益とニーズを追求すべきである。ペンタゴンが懸念しているのは、中国政府の行為が国際基準を逸脱し、諸国の主権を損ない、米国の安全保障や米国の同盟国、同盟のパートナーの安全保障を損なうことである。ペンタゴンは米国の国家防衛戦略（U.S. National Defense Strategy）にしたがって、政府のあらゆる活動を支援する。

米国の国家防衛戦略（ＮＤＳ）は、ペンタゴンに対して、三戦場（インド太平洋地域、ヨーロッパ、中東）における有利な軍事的均衡の維持を求めている。ペンタゴンは次の四つの戦略方法で目的を達する。すなわち、①軍事的優位を得るために「より殺傷力の高い武力」を構築すること、②同盟国とパートナーとして利益を分かち合い、より大きな成果を挙げるための同盟強化、③ペンタゴンのパフォーマンスを改革し、余裕をもたせること、④米国の優位性を創造し、競争者（competitor）にジレンマを課すために、競争の余地を拡大することである。より具体的にいえば、①戦闘において信頼でき、かつ急速に革新する連合軍の建設、②形勢に適応して、創造的な多国軍作戦（multi-domain operations）を行う。これがアクセスと補完能力とあいまって、強力な米国と同盟国とのネットワークをつくり、米軍と同盟軍との戦闘を優勢に導く。

国家防衛戦略の秘密指定されていない要約で論じられたいくつかの代表的行動は、この努力を深めたものだ。

・「より殺傷力の高い武力」の構築

われわれの競争者（competitor）の野心と能力の高まり、そして速度に着目して、米国の戦略は核戦力、宇宙とサイバー戦争の能力、C4ISR、ミサイル防衛、多様な標的を空から攻撃する能力、ミサイル防衛ネットワーク、より小さな分散した回復容易な適応型基地作り、そして自動的システムからなるものとする。国家防衛戦略はまた挑戦に対して回復可能な、機敏な兵站（resilient and agile logistics）のための投資を議論した。絶えざるマルチドメイン攻撃のもとで兵站を維持するために、前進基地のストックや弾薬、戦略的移動資産、同伴者と同盟国の支援、非商業的従属兵站の維持をペンタゴンは優先事項とした。

・同盟国を強化し、新たな同伴者を惹きつけること

国家防衛戦略は双方に有利な同盟とパートナーシップは、「いかなる競争相手（competitor）もこれに勝てない、長持ちする非対称的な優位性」を提供できると指摘した。米国の同盟

国とパートナーは、ペンタゴンのグローバル戦略を支える広範な基地と兵站システムを維持するうえで重要な地域へのアクセスを提供する。中国が他の国の決定に対する拒否権を求めようとする試みとその強制は、米国の同盟国とパートナーに対して、それを言明しないにしても脅威を与えるように思われる。したがって、同盟国とパートナーが利益を確保し、強制をさせないようにペンタゴンが行動せよと国家防衛戦略は指摘している。とりわけペンタゴンは同盟国とパートナーが防衛能力を近代化し、集団的安全保障を奨励しつつ、その約束を堅持するために働いている。ペンタゴンはまた国務省と議会と協調して、同盟国と二国間、多国間で軍事演習を行い、共同作戦能力を高め、米国製武器の売却や共同計画の拡充のために働いている。

・ペンタゴンのパフォーマンスを向上させ、余裕をもたせるための改革

　国家防衛戦略は、軍民共用分野における技術発展と中国の隠された軍事目的によって提起された挑戦を認識している。したがって技術革新を促し、核心技術を守り、ペンタゴンの技術的優位を守るために、ペンタゴンの組織を再編することをも議論している。ペンタゴンが政府の行動をすべて支援するのはこれに応えるためである。

・ペンタゴンは政府の行動をすべて支援する

　重要なことだが、国家防衛戦略はペンタゴンが現状変更勢力（revisionist powers）による強制と転覆を防ぐ米国を支持することも述べている。これは中国のグローバルな活動の拡大

が軍事問題に限らないからだ。ペンタゴンは諸機関によって導かれる政府全体の活動を支持し続けるであろう。たとえばペンタゴンは、次のような諸機関の提案を支持する。

①国家安全保障戦略は米国が中国との政治的、経済的、軍事的競争にますます直面しており、これは長期にわたる挑戦であり、国民の持続的な関心を必要とし、政府全体の注意を喚起すると指摘している。

②米国政府はインド太平洋戦略を概括して、安全保障、安定、繁栄を提供する「自由で開かれたインド太平洋地域」のビジョンを強調している。このビジョンの鍵は、海と空への自由なアクセス、紛争の平和的な解決、他国の強制から主権を守る能力である。国務省は米国政府諸機関と協力して市場経済、民間金融、健全なガバナンスを発展させ、平和的な法治による秩序を確保するために、パートナーを育ててきた。

③米国は国際法が許すかぎり、どこへでも飛行し、航海し、作戦を続ける。「航行の自由計画」は、米国の外交とともにあり、航行権と航行の自由作戦を提供し、全世界における海上権擁護が決定的な国家ニーズであることへの認識を深めさせる。

④中国が市場をゆがめる政策や慣行を採り、技術移転を強制し、知財権を尊重せず、米国の商業通信網にサイバー攻撃をかける等の行為を行うことに対して、米国は対決する行動を採ってきた。米国は、中国が不公正な貿易慣行をやめ、市場を開く約束をするよう勧め、不公正な貿易慣行から米国が自衛し、より公平な、双務的関係に導くか

どうかにかかわらず、この態度で中国とつきあってきた。
⑤米政府は議会と連携しつつ、中国の急速な技術革新と野心的な技術移転戦略に対して、外国投資の検証を行ってきた。さらに通信設備の買いつけやライセンス業務にも見解を表明してきた。これらの政策は貿易や投資を切り捨てるものではなく、米国の競争力を維持し、安全保障の基礎に基づく慣行に改めようとするものだ。究極的には同盟国の政府や産業と連携しつつ、米国がグローバルな挑戦を行うものだ。ペンタゴンは中国のグローバルな活動の拡大に対抗する米政府の行動全体を支持し続けるであろう。そしてますます複雑化する安全保障環境のもとで、国家防衛戦略は競争し、抑止し、勝利する合同軍として戦い続けるであろう。[14]

＊＊＊

以上で紹介したこの「中国膨張報告書」の公表は二〇一八年十二月であり、これに先立つペンス副大統領十月演説の懸念・杞憂に根拠を与えるために、急いで編集された資料なのか。それともこれらの報告書類の骨子をペンスが代表して演説したものか。いずれにせよ、ペンス演説はトランプ政権の意向だけではなく、米国社会全体の対中懸念を表明した点に着目すべきであろう。

米国の対中認識の変化・悪化の背景

二〇一八年六月にシンガポールで行われたシャングリラ・ダイアローグ（第十七回IISSアジア安全保障会議）において、マティス国防長官は、中国が南シナ海に建設した人工島の軍事拠点化を進めていることを強い言葉で非難した。太平洋軍（PACOM）がインド太平洋軍（INDOPACOM）に改名したことに触れつつ、マティス長官は「自由で開かれたインド太平洋」の重要性を訴えた。一帯一路に基づく中国のインフラ建設は、債務の罠（debt trap）を生み出したとして、スリランカやパキスタンの例を挙げる風潮は米国で大流行し、それは日本にも大きな影響を与えているように見受けられる。

こうした中国の動きを十分に念頭に置いて「自由で開かれた」インド太平洋構想を語る言説が米国や日本で大流行の兆しを見せて久しい。

オバマ政権期に国務省でアジア外交を担った元高官キャンベルとラトナーは二〇一八年春、中国がやがて国際社会にとって望ましい存在になるという前提を捨て去ることが必要だと、自省とも受け取れるエッセイ「対中幻想に決別した新アプローチを」を *Foreign Affairs* 誌に寄稿している。[15]

要するに、ニクソン訪中以来、四十年にわたるアメリカ・対中関与政策の背景にあった中国への期待は薄れつつあり、中国との来たるべき本格的な競争に、党派を問わず、立場を問わず、多くのアメリカ政府関係者、有識者が備えを本格化させている。

二〇一八年夏には、議会主導で興味深い動きがみられた。すなわち、例外的に早い八月に議会を通過した二〇一九会計年度国防授権法[16]は、中国に関して多くの注文を政府に迫るものとなった。対米外国投資委員会（ＣＦＩＵＳ）の権限強化はその一例だ。このほか、孔子学院関連の中国語教育施設への助成禁止[17]、台湾との安全保障協力強化（一二五七〜一二五八条）は政府との平仄をあわせることになる重要な動きだ。国防授権法は数百頁にわたり膨大な内容が書き込まれるものであり、これらの内容も政府の動きを強く拘束するものではないが、ワシントンでは、中国に対する交渉力を回復すべき、圧力重視への転換こそが必要だと、強いうねりのようなものが出来上がっていると識者は指摘した。

二〇一八年九月九日、*New York Times*（日曜版）の一面中央に写真付きで掲載された記事は、少なくとも中国政府関係者には衝撃的なものだったにちがいない。新疆ウイグル自治区において多数派を占めるイスラム教徒のウイグル人の思想改造（再教育）を専ら目的とした「収容所」について、同紙北京特派員の手による長文記事が掲載された[18]。これは中国における人権侵害の象徴として日本メディアでもしばしば言及された。二〇一八年九月下旬、国務省は台湾への新たな武器売却を議会に通知した[19]。

経済面を見ると、ナショナリストの発言力は大きくなり、米中貿易戦争の終着点としてサプライ・チェーンの見直しを実現しようとする、いわゆるデカップリング論（米中補完経済の切り離し論）も浮上してきた。ブエノスアイレスＧ20にあわせて実施された米中首脳会談において、九十日間の交渉を開始させることで新たな関税賦与を当面猶予する「休戦」が宣言されたが、かつて関与路線に与していた人物が強硬論に接近しつつあるなど、中国政策を取り巻く状況はすっかり新しい段階に突入している。十二月には、華為《ファーウェイ》最高幹部がカナダで拘束されたことも話題をさらったが、ホテルチェーン「マリオット」から最大五億人の個人情報が流出したことも発覚した。このなかには三億人以上のパスポート情報も含まれており、二〇一四年に連邦政府人事局（ＯＰＭ）より流出した二千万人を超えるアメリカ政府関係者の情報と組み合わせ、アメリカ政府の情報関係者の動きや中国での協力者の特定にも活用されると *New York Times* は報道している。[20]

対中認識変化の兆候はオバマ政権二期目に始まり、トランプ政権のもとで、対中赤字がクローズアップされ、それを根拠として中国を非難する大統領のツイッターが発信され、そのたびごとに米中関係は、一歩一歩悪化してきたが、十月のペンス演説は、新冷戦宣言と形容されるほどに敵愾心に燃えたアジテーションであった。

貿易摩擦に加えて、次世代通信網５Ｇや量子覇権をめぐり、中国の関連産業が米国に一歩先んじていると見られたことが米国の危機意識を煽ったように見受けられる。トランプは、５Ｇ通信網から中国製の通信設備を排除するよう民間通信企業に求める大統領令を発する見込みとのリークが二〇一八年二月に行われたが、[21]果たして実際にその政策を推進する呼びかけが同盟国に対して行われ、波紋は次第に拡大した。

安全保障の論理からいえば、米国が優位を保ち、技術と情報を守るために経済合理性を犠牲にする米国の立場にも一利はあろう。しかしながら、二十一世紀のグローバル化時代にあって、資本と労働力の移動がここまで深まり、サプライ・チェーンは複雑に入り組み、先端技術開発はオープンな形式で行われることも多い現代において、米国一国の利害に基づく規制を同盟国がどのように理解するか、これは別問題だ。サプライ・チェーンから中国を閉め出すデカップリング論の実現可能性は疑わしい。

アメリカの国内規制だけに限定してみても、その影響が、日本はじめ多くの国の産業に影響することは必至だ。中国の半導体分野を排除する措置は、日本、韓国、台湾の各企業に深刻な打撃を与えることは、火を見るよりも明らかだ。各国が合意した国際ルールの形成ではなく、アメリカ政府の規制により多くが実現されていくならば、アメリカ・ファーストは怨嗟の声の標的となり、ひいては米国の国際的地位の低下を促進するだけに終わるのではないか。

註

（1）モリソンおよび慶親王については、矢吹晋「朝河貫一とG・E・モリソン」『モリソンパンフレットの世界』

東洋文庫、二〇一二年を参照されたい。

（2）The Coming Chinese Crackup, *WSJ*, 2015.3.6

（3）たとえば『激辛書評で知る中国の政治・経済の虚実』日経ＢＰ社、二〇〇七年、第二章および『中共政権の爛熟腐敗』蒼蒼社、二〇一四年、一四二－一四五頁。

（4）Shambaugh on the Risks to Chinese Communist Rule, *NYT* By Chris Buckley March 15, 2015.

（5）以下参照。翻訳は海外ニュース翻訳情報局配信（二〇一八年十月九日）に依拠し表現は一部改めた。Remarks by Vice President Pence on the Administration's Policy Toward China. The Hudson Institute, Oct.4, 2018.

https://www.whitehouse.gov/briefings-statements/remarks-vice-president-pence-administrations-policy-toward-china/

（6）PENCE SIGNALS COLD WAR WITH CHINA Andrew Bolt, Herald Sun October 8, 2018.

https://www.heraldsun.com.au/blogs/andrew-bolt/pence-signals-cold-war-with-china/news-story/c0a3e831c7254b922f74bd54dd483e9a

（7）マイケル・ピルズベリー。一九四五年カリフォルニア生まれ。スタンフォード大学で歴史学を専攻し、コロンビア大学でPhDを取得した。一九七三年から一九七七年までランド研究所にアナリストとして勤務し、中華人民共和国と米国は軍事協力を行うべきとする論文で当時のアメリカ政府から注目された。二〇四九年までに中国がアメリカを超える大国になるというシナリオ「百年マラソン」戦略を批判した *The Hundred-Year Marathon: China's Secret Strategy to Replace America as the Global Superpower.*（邦訳『Ｃｈｉｎａ二〇四九』）を著した。かつて米中の接近を推し進めた親中派だったことへの自省も述べつつ、ニクソン政権からオバマ政権にいたるまで、やがて民主化してアメリカの脅威にならない平和的な国になると幻想を抱き、中国を見誤ったとする中国脅威論を主張している。

（8）フロリダ州パームビーチにあるトランプ大統領の別荘。

（9）National Security Strategy of the United States of America, December 2017, The White House.

（10）トランプ大統領が米中貿易戦争を始めた嚆矢は二〇一八年春、鉄鋼とアルミニウムについて追加関税を課すと言明したことであった。
（11）米グーグル社が開発中と伝えられる中国当局による検閲と妥協した検索ソフトの名称。蜻蛉の意。
（12）Department of Defense, *Assessment on United States Defense Implications of China's Expanding Global Access*, Dec. 2018.
（13）Foreign Agents Registration Act, FARA.
（14）ペンタゴンのこの報告書は二〇一八～一九会計年度におよそ二・五万ドルのコスト（物件費ゼロ、人件費二・五万ドル）で作成された。
（15）Kurt M. Campbell and Ely Ratner, *Foreign Affairs*, March/April 2018 Essay The China Reckoning.
（16）1701条TITLE XVII—REVIEW OF FOREIGN INVESTMENT AND EXPORT CONTROLS Subtitle A—Committee on Foreign Investment in the United States Sec. 1701. Short title: Foreign Investment Risk Review Modernization Act of 2018.
（17）1091条 Sec. 1091. Prohibition of funds for Chinese language instruction provided by a Confucius Institute.
（18）Chris Buckley, "Anti-Islam Detention Camps in China" *The New York Times* , 9 th of September, 2018, A1.
（19）"U H. R. 5515 An Act To authorize appropriations for fiscal year 2019 for military activities of the Department of Defense, for military construction, and for defense activities of the Department of Energy, to prescribe military personnel strengths for such fiscal year, and for other purposes. Reuters , 25 th of September, 2018.
（20）"Marriott Data Breach Is Traced to Chinese Hackers as U.S. Readies Crackdown on Beijing," *The New York Times*, 11th of December, 2018. <https://www.nytimes.com/2018/12/11/us/politics/trump-china-trade.html>)
（21）"Trump likely to sign executive order banning Chinese telecom equipment next week" *Politico*, 7th of February, 2019.

第六章　ＱＲコード・５Ｇ・量子――米中覇権の行方

一　デジタル化する「一帯一路」

ＱＲコードから「二維碼」へ

二〇一九年五月、北京八日間の旅で様々の人々と会ったが、著者を最も驚かせたのは、「阿里巴巴（アリババ）のジャック・マー会長も矢吹教授と同じような話をしていたね」と聞かされたことであった。名だたるマー会長と私の持論が似ているとは痛快だ。日本の高度成長期にトヨタ式「看板方式」が大活躍したことは広く知られている。それは各製造車間の部品在庫を必要かつ十分なものに限り、「余分の原材料・部品を一切置かない」という徹底した「在庫管理」による合理化策であった。この種の合理化追求と比べて、全く逆のパターンが広く行われたのが旧ソ連東欧の計画経済システムであった。ハンガリーの経済学者コルナイ・ヤーノシュは『不足の経済学』を書いたが、それは各車間が「ノルマの超過達成」のために、各種部品をあちこちに隠しておく作風のために「不足が不足を呼ぶ」メカニズムの分析であった。計画経済は元来必要な部品を計画当局が手当てする建前であるから、「部品不足はありえない」はずなのだ。ところが政府は一方で計画ノルマの厳守を命じながら、他方で「ノルマの超過達成」を奨励し、超過達成企業の経営者を昇進させ、その労働者たちにボーナスをはずんだ。それに起因する「ノルマ達成」と「ノルマの超過達成」との矛盾を解決できなかった。末端では「超過達成」のために、余分の原材料を確保しておく悪習が生まれる。万一それらが当面不要な場合には、「他の物資と交換する」ことによって、役立つ別の現物を得られる。こうしてモノ不足ゆえに現場では部品や原材料を隠匿する悪習が蔓延し、「不足が不足を呼ぶ」悪循環が止まらなかった。これがコルナイの説いた『不足の経済学』の論理だ。まさにトヨタ自動車が「部品在庫の適正化」によって合理化を進めたケースと「真逆のメカニズム」が働いて、生産性の低迷がもたらされた。換言すれば「計画経済の非合理性」の核心とは、「不足が不足を呼ぶ」悪循環にほかならない。

トヨタ流看板方式は、その後子会社デンソー技術者の開発した「QR（Quick Response）コード」に変身した。自動車は三万点以上の部品組立からなる組立産業だ。その規格に合う安価な部品を世界各地から調達するために、部品ごとのQRコードと部品のスペックが公開された。一連のトヨタ式によってトヨタは世界中から安価で良質の部品を調達し世界企業に成長した。これら合理化の秘密に触発され、QRコードの活用に着目したのが中国人の智慧であった。スマホの写真機能をQRコードに結びつけて、「キャッシュレス決済」に活用した。QRコードは中国で「二維碼」と呼ばれ、あまりにも普及した結果、その原型が「デンソーQRコード」と知らされて驚く中国人が多い。

キャッシュレス経済の効用はいくつも数えられる。支払いや割り勘計算が便利なことはいうまでもないが、隠れた効用も大きい。たとえば財布を持ち歩かないのでコソ泥（小偷）がいなくなった。盗もうにも人々は財布を携帯しない。そもそも現金をもたないので、偽札も激減した。コソ泥が消え、偽札が消えたのは中国社会にとって歴史的な快挙であろう。「盗むなかれ」という道徳教育よりは、財布や偽札なしに交換を行うシステム作りの方が優れている。こうして中国経済全体がデジタル化・合理化の道を歩んでおり、その一端はマネーサプライの動向に顕著に現れている。市場経済体制のもとでは、経済成長率の伸びとマネーサプライの伸びは深く連動しており、経済成長のもとでマネーサプライが減少した例は皆無だ。二〇一〇～二〇一八年は、二桁成長の段階は過ぎたとはいえ、依然六～八％の成長は維持してきた。しかしながら、その成長過程でマネーサプライは減少し、現金通貨の広義の通貨に占める比率（M0/M2）は、二〇一〇年の六・一％から二〇一八年の三・九九％へ二・一ポイント減少した。「マネーサプライの減少や現金通貨比率の低下」という事実は、中国経済全体におけるキャシュレス化・デジタル経済化の進展を端的に物語るものであり、既存の金融論では説明のつかない新事態だ。

マネーサプライの減少から知られるように、デジタル経済化は急展開している。中国のGDPは購買力平価換算で日本の約三～四倍である。国務院商務部の統計によれば、中国GDPの約三分の一が電子決済されている。ということは日本のGDP全体に匹敵する規模がすでに電子化されているわけだ。このビッグデータの活用はまだ始まったばかりだ。新ベンチャー企業「太一雲」は内外の多くのハイテク企業（たとえば米アマゾン）等と合作して「ビッグデータ解析」の新ビジネスをスタートさせた。

さて中国経済のデジタル化がこのように急展開するなかで、「一帯一路」の展開もまたその影響を受けないわけにはいかない。ここで一つ紹介したいのは、阿里巴巴の在香港支社、アリペイ香港が開発した送金システムだ。フィリピンはインド・中国に次いで世界第三の出稼ぎ大国であり、フィリピンが受け取った送金額は二〇一七年、三百億ドルを超える（世界銀行、IMF）。その一端を知るには、香港セントラル広場に日曜終日たむろするフィリピン人メイドたちを観察するのがよい。中国で改革開放が始まると、中国大陸に雇用が生まれ、香港に「アマさん」としてやってくる若い女性たちは激減し、それをカバーしたのが件のフィリピン人メイドたちだ。住み込みで働く彼女たちにとって日曜だけが休日であり、広場にあつまりおしゃべりしながら、雇用情報の交換その他、「家内労働解放の一日」を楽しむ。著者はかつて香港で暮らした当時、しばしばこの風景を観察し、時にはヒアリングも試みた。このメイドたちの家族送金にとって銀行の手数料は十％程度であり、かなりの負担であった。そこへ近年割り込んだのがアリペイ香港の割安・快速の送金システムだ。

二〇一七年五月、阿里巴巴のジャック・マー会長がある新サービスの発表会に顔を出した。

「香港─フィリピン間の国際送金を、スマホからスマホにわずか三秒で行う」というフレコミであった。阿里巴巴の在香港支社、アリペイ香港がブロックチェーン技術を駆使した新しいアプリを開発した。このアプリをスマホにインストールして、宛て先と金額をインプットし、コンビニ店頭で現金を渡せばおしまい。彼女たちは銀行窓口での長蛇の行列から解放される。他方、フィリピンの家族は、阿里巴巴グループと提携する両替所でフィリピン・ペソを受け取る。家族がガラケイ携帯しかもたなければ、「送金番号」で受取人を確認する。もし家族がスマホをもっていれば、もっと簡単に送金を受け取れる。

ブロックチェーンといえば、日本ではビットコインのブームがあり、そこで数百億円がだまし取られる事件が起こり、熱が醒めた印象が強い。しかしながら、香港や中国では、ブロックチェーン技術を「仮想通貨」ではなく、確実・快速・安価な送金システムに活用して、人気を博している。「生活者のための小口送金」を銀行に依頼する者はまもなく消えて、ブロックチェーン方式にすべて移るであろう。

もう一つ。大陸から日本や東南アジア諸国に観光旅行にでかけた中国人たちは、ほとんど全員が「銀聯カード」を用いる。中国国内で財布をもたない者は外国でも財布を携帯しない。旅行者の大陸にある銀行口座は多くの場合「元建て」だ。こうして人民元は、売買の価値尺度としても支払い手段としても、一帯一路で結ばれた経済圏でじわりじわりと広がり深まる。人民元はこうした形で、「辺境貿易・越境電子取引」を通じて国際化しつつある。

ＩＭＦレベルでの「資本取引の自由化」を含めた「元の自由化」の展望は不透明だが、人民元の「事実上の国際化」は深く静かに末端から浸透しつつある。この文脈で注目すべき点がもう一つある。米フェイスブックは仮想通貨「リブラ」の発行を目指しているが、周小川（前人民銀行総裁）は中国外国為替の管理改革シンポジウムで「リブラのような仮想グローバル通貨の発展と人民元の需要について探求すべきだ」とその可能性に言及している（『財新網』）。米ドルの凋落をどのようにカバーしてグローバル経済を発展させるかという模索はすでに始まっている。

5Gの祭典

二〇一九年は、次世代通信網５Ｇの商業実験のスタート年として記録されることになろう。著者は習近平自身の肝入りで開かれたド派手イベント（二〇一九年五月十四～二十一日）に村田忠禧教授とともに招かれてその威力の一端を痛感させられた。五月十五日夜、北京五輪の開会・閉会式に用いられた俗称「鳥の巣」なる体育館で行われた中国政府主催「アジア文明カーニバル」を参観する機会を得た。この体育館は建設当時約九万人を収容したが、現在は八万人収容に再整備されている。その半分ならば観客数はおよそ四万人になる計算だ。しかし貴賓席から見た実際の観客はたぶんおよそ三万人ほどであったと思われる。これだけの大舞台を用いて、マスゲームに始まり、十四プログラムからなる一大ショーを、外国賓客（五十カ国の首脳、日本は福田康夫元首相）数千名を含む中国全土から招待した各界エリート[1]に見せる出し物が九十分余にわたって演じられた。『北京青年報』（二〇一九年五月十六日）によると、プログラムのうち半数はアルメニア、インドネシア、レバノン、トルコ、アゼルバイジャン、タジキスタン、ロシア、韓国と中国チームとの合作であり、日本は「日中韓太鼓」演奏に和太鼓が参加した由だ。

このイベントは米中「新冷戦」と呼ばれるような国際環境に直面して、中国が「世界運命共同体」の大義名分を掲げて、米国に対抗する意図が随所に現れた大イベントであったが、なによりも5G技術の実験として行われた点で注目された。既存の4Gでは通信容量の制約からして、これだけの観衆がスマホで動画を撮影し、それを仲間に送る事態を想定した場合に対応できない。5G技術だからこそ実現できた、きめ細かなLED照明や瞬時の場面転換を目の当たりにして大いに驚かされた。実現に近づきつつあるEV車の自動運転や心臓手術の遠隔指導などには、大量の情報を瞬時に送る必要があり、これは既存の4Gでは不可能なのだ。5G通信実用化の最先進国の一つとして、そのデモンストレーション祭典をここであえて挙行した習近平指導部の決意を改めて感じさせられた。彼は冒頭に短いスピーチを行っただけでなく、最後までロイヤルボックスで観賞した。終幕に際して手を振りながら帰る夫妻の姿を中国中央テレビが映して、その陣頭指揮ぶりを際立たせていた。

他方、華為技術は二〇一九年一月二十四日、5G基地局向けに設計された世界初のコアチップ「華為天罡（北斗七星の柄）」を発表した。曰く、「華為技術は現在までに、世界三十の5Gネットワーク構築に向けた商用契約を締結し、二・五万局の5G基地局を出荷している。このエンド・ツー・エンドの5Gチップセットはすべての標準規格ならびに周波数（Cバンド、3.5GHz、2.6GHz）に対応する。弊社は、エンド・ツー・エンドで5Gネットワークを支える能力において、世界の5G展開をリードし、産業エコシステムの構築を進めている。最新のアルゴリズムとビームフォーミング技術を活かすことで、一つのコアチップで業界最多の六十四チャネルの周波数帯域に対応する。5G基地局の小型化（従来品の五十％）、軽量化（同二十三％）、低消費電力化（同二十一％）に貢献する」。

そして二〇一九年十一月一日、中国の主要都市では5G商業サービスがスタートした。

十一月の運用開始を控えて大手メーカーは秋口から5Gスマホの発表ラッシュを迎えた。九月二十四日には、小米が中国で価格三千六百九十九元（約五・六万円）からの「小米 9 Pro」と最高価格一万九千九百九十九元（約三十万円）に至る「小米 MIX Alpha」の二機種を発売すると発表した。二日後には、華為が Mate30 シリーズの発売を発表した。華為5Gモデルの中国国内価格は四千九百九十九元（七・五万円）からで、「Mate30 ポルシェコラボモデル」は一万二千九百九十九元（約二十万円）である。[2]

中国の携帯キャリア大手三社、中国電信（チャイナテレコム）、中国移動（チャイナモバイル）、中国聯通（チャイナユニコム）は一日、北京や上海など主要都市で高速通信規格5Gの商業サービスを始めた。これによって、５Ｇ問題を一つの争点として争われてきた米中摩擦は、どのような影響を受けるであろうか。華為技術は、通信機器メーカーの大手であるとともに、端末スマホのメーカーでもあるという「二つの顔」をもつ。これは華為技術にとって、強力な追い風となりつつある。すなわち５Ｇのスタートに伴い、欧州でも華為製品の採用が広がりつつあり、トランプ大統領の華為「包囲網」は、随所にほころびが見えてきた。

中国では、年末までに十三万カ所以上の基地局を整備すると報じられており、５Ｇ普及で最も利益を得るのが、安価で効率的な基地局セットを開発した華為であることは明らかだ。ちなみに一～九月期に基地局向けアンテナユニットは、世界に向けて四十万台以上出荷中と報じられている（国内向け十三万台を含む）。これにより、一～九月の売上高は前年同期比二十四・四％増と公表されている。

欧州でも風向きは変わり始めた。安価な華為通信設備を排除する調達先の切り替えは、価格の面でも、５Ｇサービスの遅れを招きかねない事情からしても避けるのが当然の成り行きであろう。すでに七月にサービスを始めた英通信大手ボーダフォンは、「アンテナなどで華為を採用している」事実を公表している。

英国の半導体設計会社アーム社（ソフトバンク傘下）も十月には、停止していた華為との取引を再開した[3]。民間の動きと連動しつつ、ドイツ政府は十月、「特定企業を排除しない」との指針を公表した。

英『サンデータイムス』（二〇一九年十月二十七日）によると、ジョンソン首相は5G網の「非訟部分“non-contentious” parts」（「係争になっていない部分」、「非係争部分」の意）について、華為導入を認める政府決定をした。すなわち万一、「中国による監視が行われたとしても、予想される損害が限定的にとどまる部分」の意である。この方針に基づいて四大通信会社（EE, O2, Three, Vodafone）に華為製品の導入を容認する方針を決定したわけだ。華為の設備が割高なエリクソンやノキアの価格を牽制する上で役立つというビジネス・インセンチブを考慮した判断だと同紙は伝えた。

他方、米国は封じ込めのほころびを認識しつつも、制裁を一段と強める構えを崩していない。米連邦通信委員会ＦＣＣ（The Federal Communications Commission）は十月二十八日、ネット整備の地方補助金を受ける通信業者に対し、既存の華為製品の撤去や新規購入の禁止を命じる新たな規制案を二〇二〇年から実施すると発表している。(4)

5G通信の初期段階は旧4G技術の改良にとどまるが、二〇二〇年から十年計画で進展する5G通信の後半は現行コンピュータではなく、量子コンピュータに依拠することが想定されている。その量子コンピュータの開発競争をめぐって米中両国間で密かに進められている「開発競争」の前哨戦こそが現在の米中冷戦の核心にほかならない。

二 「量子」覇権戦争

中国発「第二次量子革命」

ニールス・ボーアは一九五七年に「初めて量子理論に遭遇してショックを受けなかった者は、たぶんそれを理解することができない」と書いた。[5] それから五十九年後、世界初の量子衛星・墨子号が打ち上げられ、いまや第二次量子革命を迎えた。

墨子号を打ち上げた二〇一六年八月十六日、プロジェクトの責任者潘建偉（中国科学技術大学教授）は、記者の問いにこう答えている。「理論的には量子暗号は解読不能である」とその軍事的意味を強調しつつ、量子通信暗号は「敵が解読できない」ばかりでなく、敵の伝統的暗号は量子通信によって容易に解読でき、米軍ステルス戦闘機は丸裸にされる。これが「無敵の量子通信」と呼ばれる所以だ、と解説した。[6]

量子通信が真に解読不能か否か、その後内外で論争は続いているが、中国の人々から見ると、この世界最先端の技術を外国から導入するのではなく、中国の科学者たちが自力で世界に先駆けて実現したことで、墨子衛星は「誇りの核心」なのだ。これが誰の模倣でもなく、「メイド・イン・チャイナ」であることは、誇り高いアメリカ人も認めざるをえない。量子コンピュータによって既存のステルス戦闘機は丸裸にされて「ステルス性」を失う。他方、これを解読中の中国側の暗号システムを米国は解読できない――これが量子コンピュータを軍事技術に用いた場合の効用であり、これが成功すれば、米国の軍事的優位喪失は明らかだ。トランプや米国タカ派が中国の科学技術に脅威を感じてなりふりかまわずこれを阻止しようと「華為いびり」の前哨戦を始めたのはこのためではないか。

世界初の光量子コンピュータは二〇一七年五月三日、中国で誕生した。量子衛星を成功させた潘建偉チームにとって、第二の成功だ。「光量子コンピュータの試作機のサンプル計算速度は、世界の同業者による実験の二・四万倍以上に達した」と報じられた（同日付新華社電）。この光量子コンピュータは、中国科学技術大学・中国科学院・阿里巴巴（アリババ）量子実験室・浙江大学・中国科学院物理研究所が協同して研究開発に参加した。民間企業では、阿里巴巴のほかに、騰訊控股（テンセント）、百度（バイドゥ）の二大IT大手も先を争って前進しようとしている。

二〇一七年九月二十九日午後に行われた中国科学院院長白春礼とオーストリア科学院院長アントン・ツァイリンガーとの間で行われた量子通信によるテレビ対話も象徴的事件だった（図6―1）。まず京滬量子幹線の北京コントロール・センターで墨子号の地上センター（河北省興隆）とつなぐ。それから衛星・墨子号を通じて、オーストリア地上ステーション（グラーツ）へ衛星量子通信を送り、それは中国から七千キロ離れた欧州に届いた。

京滬幹線プロジェクトの責任者も務める潘建偉によれば、北京・上海・済南・合肥が量子通信の骨格であり、全長二千余キロに達する（図6―2）。一万を超えるユーザーが同時に暗号通信を送る能力をもつ。量子通信には「分割できない」、「正しく測定できない」、「コピーできない」

図６－１　北京とウィーン間の量子通信

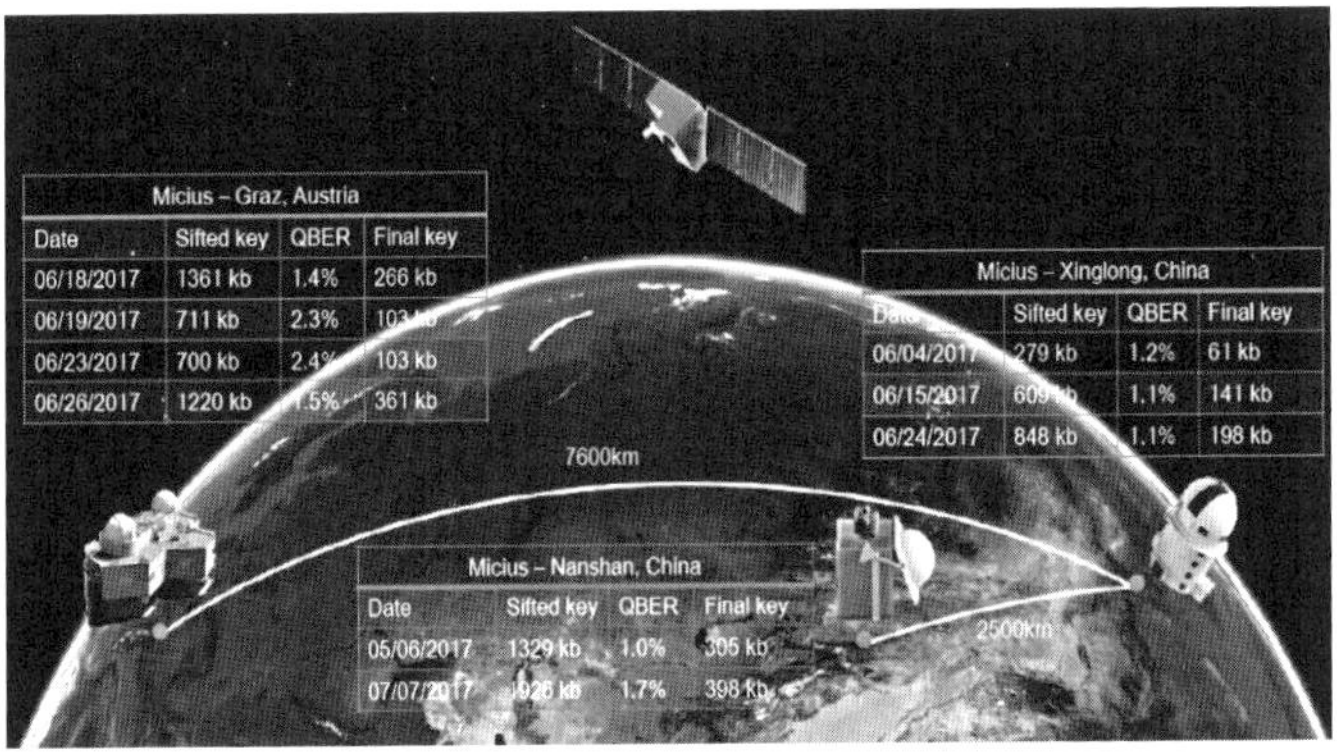

Source: *AsianScientist*, February 1, 2018.

図６－２　中国国内の量子幹線

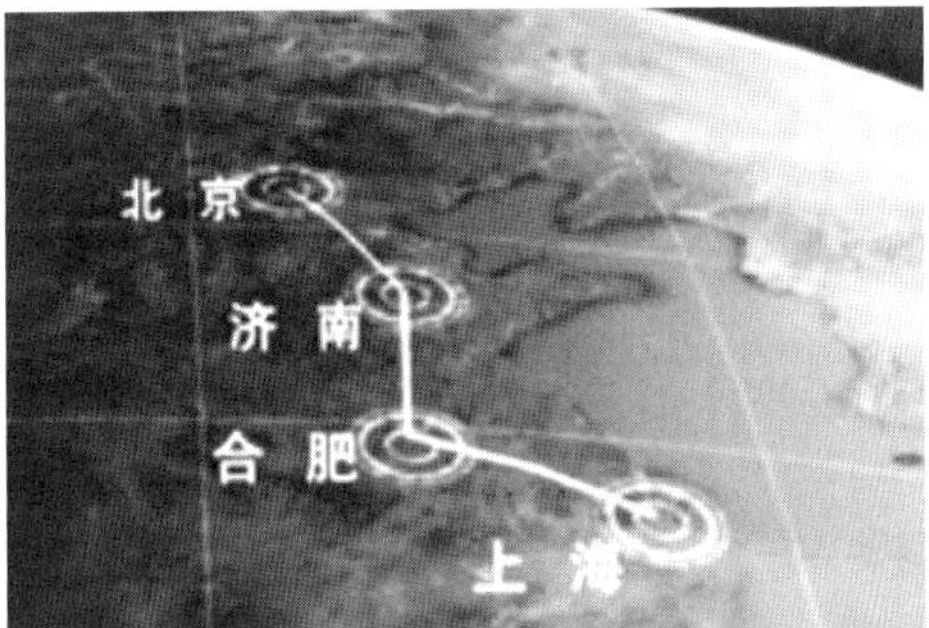

図6－3　グーグルの開発した *Bristlecone*
名前の由来はカリフォルニアのゴヨウマツ

特性があり、原理上安全で、第三者（敵）による解読は不可能だとここでも強調した。

中国側の躍進に抗するように、二〇一八年三月、グーグルと米航空宇宙局（NASA）などが連携して設立した米国量子人工知能実験室は、ロサンゼルスで開かれた米国物理学会年次総会で七十二量子ビットの量子芯片（CPUchips）を発表し、「ブリストルコーン（Bristlecone）」と命名された（図6―3）。この性能について、中国阿里巴巴の研究者施堯耘（ミシガン大学教授から転身）は、エラー率が〇・五％以下になっていないと、その量子超越性（Quantum Supremacy）を批判している（図6―4）。[7]

量子超越性とは、従来型コンピュータの限界を超える計算量の処理が量子コンピュータで可能になることを意味する。グーグルは、量子ビットが四十九個以上になれば量子超越性が可能になるとしている。その条件は、四十九量子ビットで量子回路の深さが四十以上、二つの量子ビットの

図６－４　量子ビット数とエラー率の関係グラフ

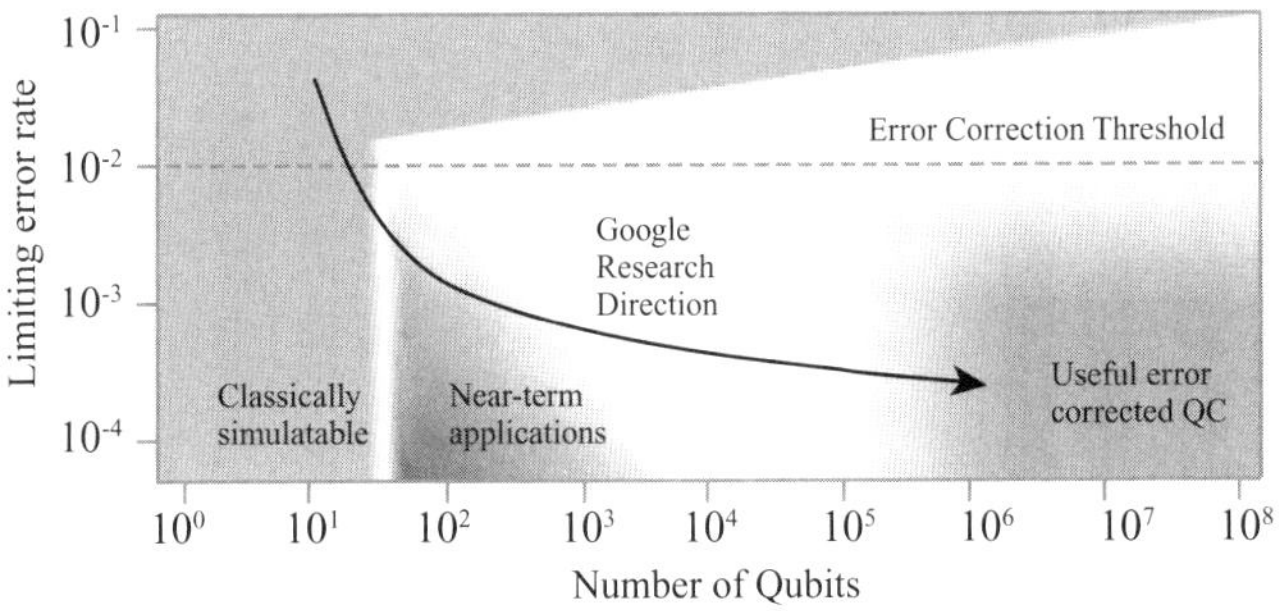

量子ゲートのエラー率が〇・五％以下という。グーグルは、七十二量子ビットというサイズを選んだ理由を、量子超越性を実証し、実際のハードウェア上での量子アルゴリズム開発を容易にするのに適しているためと説明した。ブリストルコーンの二つの量子ビットによる量子ゲートのエラー率は〇・六％で、量子超越性にはまだ届かないが、グーグルは「慎重かつ楽観的にブリストルコーンで量子超越性を達成できる」と発表した。

潘建偉をリーダーとする中国科学技術大学のチームは二〇一九年一月三十一日、米国科学振興協会（ＡＡＡＳ）から二〇一八年のニューカム・クリーブランド賞（Newcomb Cleveland Prize）を授与された。同賞の九十年以上の歴史のなかで、中国人科学者が受賞したのは初めてである。受賞者は、科技大の潘建偉教授が率いる「量子科学実験衛星・墨子号」の建設に参加したチームである。中国古代の科学者墨子は「兼愛論」などの哲学思想で有名だが、科学思想家としても知られている。そこで潘建偉チームは「量子通信」の実験用として二〇一六年八月に打ち上げた人工衛星に墨子号と名付けた。

この量子衛星打ち上げは、世界の量子通信ネットワークに技術面の保障を与える重要な衛星と紹介されてきたが、世界初の実験衛星なので、その評価は分かれていた。つまり、潘建偉らの発表をそのまま受け取る見方と、その内容に懐疑的な見方である。このような状況でAAASは権威のあるニューカム・クリーブランド賞を授与することによって、研究と打ち上げ実験の確かさを保証したことになる。同賞はAAASが一九二三年に設立した、米国で最も歴史ある賞だ。その前年六月から翌年五月までに米科学誌『サイエンス』に発表された研究論文のなかから「学術価値と影響力」の両面で審査して「最も優れた論文」を選ぶ。潘建偉らの研究は「この審査に堪えた」のであり、その成果が保証されたものと見てよい。潘建偉はこの授賞式に出席するため渡米の準備を進めていたが、米国務省はトランプの中国封じ込め政策にしたがい、潘建偉への米入国ビザの発行をしぶり、授賞式に参列できず、代わりに研究グループの一人、印娟女史が参列した。

覇権への体制整備

第二次量子革命を推進するために、中国科技大学の位置する安徽省合肥では、民間から資金を募り、墨子量子賞を設けた。基金は一億元で毎年六名に百万元＝十五万ドルずつ授与する計画だ。「金満中国」にふさわしく、他の各種賞と比べて高額だと話題になっている。受賞者を見ると、すでにノーベル賞を得た研究者も含まれており、「ノーベル賞級の研究レベル」を基準としていることが分かる。中国人として初の受賞者は、あの潘建偉である。

量子革命によって、中国はいまアインシュタインの「百年の謎」にどのように答えるのか。そこに世界の視線が注がれている。量子革命は第三次産業革命をもたらすが、ここには二つの問題が指摘されている。一つは安全性の問題である。情報の送信過程において、計算能力の向上に伴い、既成の暗号はすべて破られる運命にある。二つはビッグデータ（大数拠）のもたらす計算能力の隘路である。

二〇一三年九月三十日、習近平ら中南海の指導者たちは、「政治局学習会議」で、潘建偉教授から量子通信の講義を聞くとともにそのデモンストレーションを見学した。[8]二〇一六年十月九日、習近平はネットワーク通信技術の「自主創新を加速せよ」と指示した。[9]二〇一七年十月二十七日、習近平は中国共産党第十九次全国代表大会報告で人工知能と量子技術の突破を含む新技術革命の戦略的意義を強調した。[10]曰く「米中はいま平等な足どりで競争している。中国の量子科学が成功するならば、先行者利益を得て未来の市場と軍事的優勢を獲得できる」。二〇一八年一月の新年賀詞で、習近平は量子コンピュータの開発を特に取り上げ、成果を讃えている。[11]

顧みると、一九八三年に量子光学の研究を開始した郭光灿教授が中国科学院に量子信息重点実験室を設けたのは一九九九年である。[12]翌々年二〇〇一年に三十一歳の潘建偉がウィーン大学で博士号を得て帰国し、[13]勤務先の中国科技大学に量子物理・量子信息実験室を設けた。[14]二〇一六年五月十九日、中共中央・国務院は『国家創新駆動（イノベーション）発展戦略綱要』を全国に発出した。[15]二〇一六年八月八日、国務院は第十三次五カ年計画期の国家科技創新規格を全国に通知した。[16]この通知は「二〇三〇年までに主要都市間で量子通信を発展させる」よう指示している。[17]

一連の指示に基づき、中国は二〇一三年から二〇一五年にかけて、十九億元（約三億ドル）を第三次産業革命のために投資した。二〇一六〜二〇一七年の二年間は、国家の重点プロジェクトだけで、各年十億元（約一・六億ドル）が十八部門、三十六プロジェクトのために投資された。[18]これに加えて二〇一七〜二〇二〇年には量子衛星のための予算一・六億元（二千五百万ドル）が追加される。[19]阿里巴巴は百五十億ドルを新設の阿里巴巴傘下のＤＡＭＯアカデミー（Discovery, Adventure, Momentum, and Outlook）に投資すると発表したが、これは民間企業独自の計画であり、国家プロジェクトには含まれない。[20]国家レベルの計画のほかに、省政府レベルの計画も先進地域では目立つ。たとえば安徽省には安徽省量子科学産業発展基金がある。これは二〇一七年十二月に設けられたもので、予算百億元（約十六億ドル）である。[21]二〇一八年三月、山東省では「山東省量子技術創新発展規格（二〇一八〜二〇二五年）」を発表した。[22]この済南ハイテクゾーンは、「量子バレー」の建設を目指しており、予算は千億元、その七割以上は国防産業市場向けである。[23]二〇一七年七月十二日、中国科学院は「量子信息・量子科技創新研究院」を新設し、合肥でその除幕式が行われた。[24]

二〇一七年九月には、「量子信息科学国家実験室」が安徽省に設立された。[25] これは七十億元（十億ドル）でスタートしたが、二〇二〇年に完成すれば世界最大の量子研究施設になる予定だ。[26]

量子研究の際立った特徴の一つは、「軍民融合」システムでこれが行われている点である。中国において軍の地位の特異性はしばしば語られるが、量子研究においてはとりわけ「軍民融合」が語られ、実践されているのは、この技術革新がただちに国家の安全保障に直結するからにほかならない。二〇一七年九月二十六日、「十三次五カ年計画科技軍民融合発展専項規格」が発表されたが、「軍民融合発展」はここで強調されている。[27] 山東省では、その省レベル版も発表している。[28] 二〇一七年十一月末に、科技大学は中国船舶重工と共同して「量子連合実験室」を設立した。[29]

その一カ月後、「北京量子信息科学研究院」が発足したが、量子情報に関わるこの研究院が軍事科学院内に設けられた事実に注目したい。この研究院は、二〇一七年十二月二十五日、北京市政府・中国科学院・北京大学・清華大学・北京航天大学が共同して設立したが、その事務局が軍事科学院内に設けられたのは、軍民融合を象徴していよう。ちなみにこの院長は科学院院士・薛其坤である。[30] 科学院院士・清華大副学長をトップに据えて、北京大学・清華大学・北京航天大学等の責任者が集うこの研究院は、たぶん世界の量子研究情報を集めて分析する情報連絡・分析会議であり、司令塔の役割を果たすのではないか。[31]

なお、二〇一七年七月、軍事科学院は「国防科技創新研究院」を設立し、「世界級研究院を建設するために世界一流の人材をリクルートする」ことを決めている。これは軍事科学院独自の技術革新研究プロジェクトである。[32] 二〇一八年二月四日『解放軍報』は前沿交叉技術（Frontline Cross-Disciplinary Technologies）センターの設立を報じた。[33] なお同年一月二十六日、軍事科学院は百二十名からなる研究者を擁して、彼らはロボット兵器と量子技術の軍事的応用を研究する博士号取得者だと香港 SCMP 紙が報じている。[34] 酒泉衛星打ち上げセンターで墨子衛星を打ち上げた後、解放軍政治部は世界初の「空間（宇宙）科学先導」プロジェクトの宣伝戦略分析を行っていると報じられた。[35]

焦るアメリカ

米中の貿易摩擦や赤字問題は、所詮は経済的利害の対立であり、争いは双方にとって共倒れをもたらすので、妥協は可能である。しかしながら、「安全保障上の脅威」は深刻だ。その焦点は量子技術をめぐる米中覇権競争にほかならない。ＪＳＴ研究開発戦略センター・曽根純一のまとめた三つの図表を紹介したい。

図６―５は、主要国の量子技術政策一覧である。

図６―６は世界の代表的な量子拠点を示す。

図６―７は中国の量子技術研究体制とその成果を概観したものだ。米国は二〇一八年九月に

図6－5　主要国の量子技術政策

	政策動向	内容・予算規模
米	「量子情報科学の国家戦略概要」発表（2018.9） 「国家量子イニシャチブ法」成立（2018.12）	1,400億円/5年「国家量子イニシャチブプログラム」 DOE：140億円/年　量子情報研究センター（最大数5） NSF：56億円/年　量子研究・教育センター（最大数5） NIST：89億円/年　量子情報研究・計量標準、ワークショップ
中	「科学技術イノベーション第13次5カ年計画」（2016-20）	1,200億円/5年 「国家重点研究計画」 「量子情報科学国家実験室」（合肥市）建設中。2020年完成予定（～1兆円）
EU	「量子宣言」（2016.5）	>1,250億円/10年「Quantum Technology Flagship」20課題を採択（2019-28）
独	「ハイテク戦略2025」（2018） 連邦教育研究省「量子技術」公表（2018.9）	＞860億円/4年（2018-22）量子コンピューティング、量子コミュニケーション、計測、量子分野の技術移転と産業の参画推進
英	工学・物理科学研究評議会「National Strategy for Quantum Technologies」（2014.12）	＞390億円/5年「UK National Quantum Technologies Programme」（2014-19）

出所：2019年3月29日、国立研究開発法人科学技術振興機構（JST）研究開発戦略センター曽根純一「量子技術分野の研究動向について」3頁。

図6－6　世界の代表的な量子拠点

米	• **Joint Quantum Institute （JQI）** メリーランド大と国立標準技術研究所により2006年に設立。「量子多体物理学」「量子制御・計測・センシング」「量子コンピューティングと情報科学」の3分野 • **Chicago Quantum Exchange** シカゴ大分子工学研究所内に設置。アルゴンヌ国立研究所、イリノイ大などと共同。「量子コンピューティング」「量子センシング」「量子通信」の3分野 • **NSF "Physics Frontier Centers"** 5〜15億円/5年で各大学内に設置されたセンターや研究所を支援。カリフォルニア工科大、コロラド大&NIST、MIT、JQIが対象。
中	• **量子計算実験室**　中国科学院とAlibabaで設立された量子コンピュータ開発センター • **量子情報科学国家実験室**　2020年完成予定
EU	• **Quantum Community Network**　Quantum Technologies Flagshipで採択された20課題のバーチャル研究拠点
独	• **Center for Integrated Quantum Science and Technology （IQST）** 2014年に設立。シュトゥットガルト大、ウルム大、マックスプランク固体物性研究所で構成。「量子センシング」「複雑量子系」「物質の量子状態制御」「量子電気・光工学」「光-物質界面」の5分野
英	• **UK National Quantum Technology Hubs**　「量子センサ・計測」（バーミンガム大）、「量子イメージング」（グラスゴー大）、「量子情報ネットワーク」（オックスフォード大）、「量子通信」（ヨーク大）の各分野でハブ拠点が形成
加	• **Institute for Quantum Computing （IQC）**　2002年にウォータールー大学内に設立。「量子コンピューティング」「量子通信」「量子センシング」「量子マテリアル」の4分野
蘭	• **QuTech**　デルフト工科大学内に設置。「誤り訂正量子コンピューティング」、「量子インターネット・ネットワークコンピューティング」、「トポロジカル量子コンピューティング」の3分野 • **QuSoft**　量子ソフトウェアの研究組織として国立数学情報科学研究所、アムステルダム大学、アムステルダム自由大学で2015年に設立

出所：曽根純一「量子技術分野の研究動向について」4頁。

図6－7　中国の量子技術研究体制とその成果

- 「国家中長期科学技術発展計画綱要2006～2020年」国務院（2006年2月）における重大科学研究の１項目として「量子制御」を位置づけ
- 「科学技術イノベーション第13次5ヶ年計画（2016～2020年）」国務院（2016年8月）の重点領域の１つとして「量子通信・量子コンピュータ」を指定
- 中国科学院とAlibabaが共同で「量子計算実験室」を設立し、量子コンピュータのクラウド提供を開始（2015年）
- 人工衛星（墨子）を用いた1200km離れた青海省と雲南省間の大規模量子暗号通信の実証実験に成功（2017年）
- 「量子情報科学国家実験室」を合肥市に建設中。2020年完成予定。総工費760億元（約1兆2160億円）

出所：曽根純一「量子技術分野の研究動向について」14頁。

「量子情報科学の国家戦略概要」を発表し、同年十二月に「国家量子イニシャチブ法」を成立させ、翌二〇一九年三月にホワイトハウス科学技術政策局（ＯＳＴＰ）が国家量子調整室（National Quantum Coordination Office）を発足させ、ＯＳＴＰ量子情報科学担当部長のＪ・テイラー（Jake Taylor）博士が、国家量子調整室の暫定室長を務めると発表したが、この一連の動きから米国の脅威認識が読み取れる。

中国が二〇一六～二〇年に千二百億円投下すると発表したのを意識して、米国は二〇一九～二三年に千四百億円投下する目論見だ。中国よりも三カ年遅れて基本戦略を決定した米国が中国より二百億円多い予算を投下するという事態は、量子技術の研究において一歩先行する中国に対する焦燥感を象徴しているように、著者には見える。

トランプの煽る「米国の安全保障上の脅威」とは、まさにこれが核心であろう。一九五七年当時、旧ソ連はスプートニクの打ち上げに成功し、立ち遅れた米国はアポロ計画を展開、一九六九年七月に月面着陸を成功させ、ようやく面目を施した。二十一世紀一〇年代の今日、中国の量子技術研究は、往時のスプートニク騒動を想起させるほどに酷似している。ただし、当時の米ソ対抗と比べて、現在の米中量子覇権争いは、中国側にR&Dの面でより余裕がある点でかつての米ソ競争とは異なる。それがトランプの疑心暗鬼の核心ではないか。

量子通信が実用化に成功すれば、米軍の誇るステルス戦闘機は丸裸にされ、米国の軍事的優位は失われる。繰り返しになるが、世界初の量子衛星・墨子号打ち上げを公表した時、このプロジェクトの責任者・潘建偉教授は記者の問いにこう答えた。量子暗号は「敵軍が解読できない」ばかりでなく、敵の伝統的暗号は量子通信によって容易に解読でき、ステルス戦闘機は丸裸にされる。[36] この発言に最も強く刺激されたのがホワイトハウスであった模様である。

「量子覇権」の意味するもの

米国有数の中国量子科学研究者で、『量子覇権』(*Quantum Hegemony*)と題した報告書をまとめたエルサ・カニアは、その結論で次のように中国の量子研究を総括している——。

曰く、中国が量子研究に高い優先順位を置いているのは、この技術が軍事と経済の対外競争力を強化できるからにほかならない。米国と並ぶ超科学大国の地位を求めて、中国は量子科学技術のイノベーションに全力を挙げている。戦略的競争が深まるにつれて、中国は蛙飛びのごとく、米国を追い越して新興分野の「制高点」、すなわちバイオ技術、人工知能、量子技術を把握しようとしている。これらのメガプロジェクトは、中国の技術愛国主義に支えられ、「両弾一星」（ミサイルと人工衛星）の経験が教訓となっている。[37]

米国はこれまでは技術的優位性を誇ってきたが、新領域においては追随を許さない立場にあるのではない。もし中国が成功すれば、米国の優位性を覆し、経済と軍事の競争力を転換できよう。中国は人的資源と製造基盤を活用して、次の産業革命を担う量子技術においてグローバルなリーダーシップを維持できる。

現代史において米国は初めて真の技術的危機に直面している。それは量子技術だけではない。人工知能やバイオ技術においても同じだ。むろん米国の量子技術は公開されているものがすべてではない。にもかかわらず、中国が基礎研究への投資を倍増させているときに、米国では投資が減少しつつある事実が問題の核心だ。いくつかの米国の報告は、米国の量子技術研究開発の弱点を指摘している。それは長期的な研究開発を支える煙突がつまり、学際的研究開発が妨げられていることだ。[38] 米国チームや企業が量子コンピュータを追求しているのは事実だが、その優先順位、インセンチブ、時間射程は政府や軍と歩調があっていない。ワシントンとシリコンバレーは協力し合う方法で争っている。[39] このように分析したうえで、エルサ・カニアの結論はこう指摘する。

米国が採るべき対策は、①米国としての競争力を強めること、②重要なインフラにとっての量子コンピュータのリスクを評価して、そのコストを計算すること、③量子サプライズのインパクトを評価し、その先導者となること、④量子技術の軍事適用を完全に研究し評価すること、⑤米国の量子研究計画の反諜報リスクをレビューし、その任務とすること、⑥米国議会に科学技術と専門見識を回復すること——である。

彼女は、さらにこう付加した。「第二次量子革命の到来は、新しい不確実性を導く。米国は伝統的科学技術が先例のない挑戦を受けることに備えるべきである。前進するためには、中国との技術戦略的競争に挑戦しなければならない。未来の国家的競争力を統合することによって技術革新のダイナミズムを強化しなければならない。量子科学の衝撃は、幽霊のように、そして魔法のように見えるが、これは真実なのだ」[40]。本書の著者矢吹は文系人間であり、理系、とりわけ量子科学技術のような最先端の分野は不案内だが、このコメントには深く共感できる。

量子科学自体がこれまでしばしば解説されてきたように、常識的な物理学の知識では理解しにくい構造を解明する科学である。加えて中国における量子科学の研究状況の半分は軍事機密として扱われている。そのため、中国の量子科学研究は二重の意味で幽霊のように、魔法のように見える。しかしながら、幽霊は非現実だが、中国の量子研究は現実であることを忘れてはなるまい。

これら一連の事実を日本のメディアは軽視するばかりか、ほとんど黙殺してきた。その結果として日本メディア界の「周回り遅れ」報道が定着し、自縄自縛となった。5G基準で事実上敗退した「米国側の視点」から事態を見てきたので、中国の実力を的確に評価できなかったのであろう。しかしながら今回のコロナ禍は日本の科学技術の立ち遅れを容赦なく暴く。

日米半導体協定によって日本のIT業界が手足を縛られ、その後経営者の無為無策によって今日の壊滅に至るまで、日本はこの分野で世界のリーダーであった。いまや見る影もないほどに落ちぶれた。この失敗の教訓を活かすどころか、反省さえせずに、過去の幻影に酔い、隣国における量子科学技術研究の動向に目を閉ざしてきた日々は終わる。

三　超現代社会へ疾走する中国

ET革命と中国の夢

吉野彰氏がノーベル化学賞を受賞したことを私は「一喜一憂」の気持ちで迎えた。受賞を素直に喜ぶ点で人後に落ちるものではない。私は受賞を半ば予期しつつ、その業績に注目してきた。二〇一八年に出版した『中国の夢』(花伝社)でこう書いた——「中国の夢」は、IT革命からET革命(Embedded Technology Revolution あるいは Energy Revolution)への転換を全世界に先駆けて疾走することによって実現されるであろう。ＥＴ革命の首唱者・吉野彰の「未来社会論」で著者が最も共感するのは、「人工知能つきＥＶ車」（AI-EV）が、マイカーを不要ならしめ、「共有AI-EV」による「シェアリング経済」推進のキャリアになるという未来予測である。この技術は地球環境の「制約条件下での持続的発展」を可能にし、現代人の生活需要を満たしうる点で実現可能性をもつ。現代社会主義は二十一世紀初頭の今日、人類史上初めて、それを実現する生産力の基盤を備えたことになる。

二〇二五年には、吉野彰によれば、人工知能ＡＩの技術と結びついて、電動車の「無人自動運転」さえ普及し、車社会が一変する。その時、「三種の鈍器」に陥るのは、①エンジン車（ＥＶ車代替）、②白熱灯（ＬＥＤ代替）、③交流送電（直流代替）である。二〇一七年時点で「ＥＶ車に用いられる電池容量の総和がモバイルＩＴ用電池容量の総和を上回り、ＥＴ革命が始まった」と吉野は説いている。

ＥＶ車の課題は、モーター自体ではなく、そのモーターを回すリチウムイオン電池（ＬＩＢ）にあり、これを開発したことが吉野の功績だ。主な要素技術は以下の通りである。①炭素を負極とし、コバルト酸リチウムを正極とするＬＩＢの基本構成を確立したこと、②電極、電解液、セパレータなどの本質的構成要素に関する技術を確立したこと、③安全素子・保護回路・充放電などの実用化技術を確立したこと——これら三カ条である。

吉野は、①大規模集積回路（ＬＳＩ）、②液晶ディスプレイ、③ＬＩＢを「新三種の神器」と名付けた。このような可能性を秘めた技術の発明を歓迎するのは当然であろう。では「一憂」とはなにか。その素晴らしい技術の企業化、産業化で日本が遅れをとったことだ。

吉野彰らが炭素材料を負極とし、リチウムを含有するコバルト酸リチウムを正極とする新しい充電型電池（ＬＩＢ）の基本概念を確立したのは、一九八五年である。九三年に旭化成と東芝との合弁会社エイ・ティーバッテリーが商品化し、九四年には三洋電機により黒鉛炭素質を負極材料とするＬＩＢが商品化された。その後、トヨタ・日産・ホンダなど自動車メーカーでも研究開発が進み、電解質に固体材料を使う全固体リチウムイオン電池が次世代型として注目されている。かつてＬＩＢは日本メーカーのシェアが高く、一時は九割以上を占めた時代もあった。しかしながら、韓国（サムスンＳＤＩ、ＬＧ化学）、中国（ＢＹＤ、ＣＡＴＬ）、台湾などが急追し、シェアを拡大している。

業界誌 *Adamas Intelligence Reports* によると、各種ＥＶ車（バッテリー型ＢＥＶ、プラグイン型ＰＨＥＶ、ハイブリッド型ＨＥＶ）の二〇一九年上期における充電池容量は46.3GWh（ギガワット時、対前年同期比八十九％増）であった。高価なコバルトの代わりにニッケルへの代替が進行中だが、両者はいずれも正極材として用いられる。

まずコバルトを見ると、二〇一九年上期におけるコバルトの使用量は、七千二百トン（対前年同期比八十一％増）、うち六十一％はアジア太平洋地区で用いられた（対前年同期比五十％増）。電池メーカーはコバルト使用の代替策に努めているが、依然増え続けている。型別に見ると、

①電池型は百七％増えて六千百トン、②ハイプラグ型は四％増、③ハイブリッド型は十一％増であった。コバルト使用量の七十五％以上は、以下の五社が占めている。すなわち①ＬＧ化学（韓）の市場シェアは二十一％で千四トン、②寧徳時代（中）のシェアは四倍増して八％から十九％に増え、③パナソニック（日）は三十五％増えたものの市場シェアは二十一％から十五％に六ポイント減少。次いで④ＢＹＤ（中）、⑤サムスンＳＤＩ（韓）の順位になる。

コバルトに代替しつつあるニッケルの使用量を見よう。二〇一九年上期のニッケルの使用量は二万七千三百五十トンであり、対前年同期比七十八％増であった。うち五十二％はアジア太平洋地区における消費であり、対前年同期比四十九％から三ポイント増えた。①電池型は百十九％増えて二万六百トンとなった。②ハイプラグ型は八％増えた。③ハイブリッド型は十三％増えた。

その要因を見ると、電池の平均容量が増え、メーカーはより高性能のニッケル極を採用したので、ニッケル消費量が増えた。世界三大電気自動車メーカーがその五十五％を消費した。すなわち①テスラ（米）は七千トン以上で、対前年同期比九十％増、②トヨタ（日）は五千トンで、十一％増、③ＢＹＤ（中）は約二千五百トンで三百％増であった。ニッケル消費の八十五％以上は、次の五大電池メーカーの生産需要による。すなわち①パナソニック（日）一万二千五百トン以上（シェアは四十八％）、②寧徳時代（中）のシェアは五％から十三％へ増えた。それに③ＬＧ化学（韓）、④ＢＹＤ（中）、⑤ Envision AESC（日、日産リーフ用バッテリーを生産）が続く。

車載用電池メーカーにおいては、「中国・韓国勢の躍進」が目立ち、電気自動車メーカーでは、テスラ（米）、トヨタ（日）、ＢＹＤ（中）が激しい市場シェア争いを演じている現実の一端がコバルトやニッケルの使用量から見えてくる。日本はＬＩＢの基本構造を発見しながら、その企業化・産業化で立ち遅れた姿がそこに浮かぶ。

取り残される日本

これは先ほど触れたＱＲ（Quick Response）コードの発明と全く同じ構造である。中国でモバイル決済がクレジットカードやデビットカード系に勝利した理由を整理すると、次の事情がある。モバイル決済は、クレジットカード決済に比べて導入コスト（たとえば店頭の読み取り装置は不要）が安く、決済後の入金期間が短いといった特徴がある。ちなみにクレジットカード決済は銀行預金口座をベースとしてカード発行しているので、それぞれの銀行ごとに設定された預金保護システムが、相互乗り入れ、発展の足枷となっている。ネットバンキングとの比較では、銀行のウェブサイトを使った決済は操作が煩わしいうえに、「なりすましサイト」に誘導され、詐欺被害が続出している。パスワード変更や「ワンタイム・パスワード」など対策も進められたが、詐欺犯人とのイタチごっこが人々を悩ませている。モバイル決済が銀行系、交通系、飲食系カードに勝利した、決定的な要素は読取りにＱＲコードを選択したことだ。

ＱＲコードは、元来日本の自動車部品メーカー・デンソーが開発したもので、この技術を同社は公開している。ユーザーの利用と教育にかかるコスト（すなわち技術性や利便性）では、Suica（スイカ）やPASMO（パスモ）のような電子マネー（非接触通信型ＮＦＣ=Near Field communication）に劣る。というのはスイカやパスモのような電子マネーは、①「利用者がかざす」だけという簡単な動作で利用可能であり、②応答スピードが早く時間の短縮化ができ、さらに③非接触のため摩耗による製品故障が少ない――といったメリットをもつ。にもかかわらず、ＱＲコード採用のメリットは大きい。それは、①ハードウェア装置（たとえば店頭の読み取り装置）に依存しないので「普及のコスト」が電子マネーよりも安い、②利用者が無線通信（Wi-Fi）できる環境でスマートフォンを使うと、無料でアクセスでき、しかも異なるオペレーティングシステムやハードウェアの環境でも共通して利用できるので、全体的なコストは電子マネーよりもはるかに安い。もう一つ、その普及にとって決め手があった。それは③スマートフォンが、ＱＲコードを瞬時に完璧に読み取ってくれることだ。これはガラ系では利用できない技術で、スマホの普及と連動している。

日本では二〇一九年十月から消費税が十％に引き上げられ、それに伴って導入された軽減税率やポイント還元をめぐって小さからぬ混乱が全国で引き起こされ、社会生活面でのエネルギーの浪費現象が随所で見られた。にもかかわらず日本のキャッシュレス化は約二割にとどまり、韓国の九割台、中国の六割台と比べて著しく劣っている。日本では相変わらず「やはり現金へのなじみ」等々の「なつメロ」世論が幅を効かせている。

「なつメロ」心情に介入するつもりはないが、日本の労働生産性の低さがいまや世界的に見て際立っている事実は看過しがたい。その一因が「キャッシュレス化における後進性」のような社会的インフラの貧困に起因する事実に対する反省が欠けているのは致命的だ。半世紀前のオイルショック当時は、「世界に冠たる省エネ」を実現し称賛を浴びたが、いまや日本経済は、生産性の低さや社会インフラの貧困という面で、国民の知らぬうちにとんでもない後進国に落伍した現実を直視しなければなるまい。台風水害はむろん自然災害には違いないが、都市に電柱が林立する姿は先進国にはない風景だ。

ここで特に指摘したいのは、ＬＩＢやＱＲコードは、両者ともに日本人の創意性が発明した技術・ノウハウでありながら、日本社会・日本経済は「その企業化・産業化に失敗した」ことの意味である。「負の教訓」から深く学ぶことがなければ、日本経済の再生への希望は見えてこないのではないか。

翻って隣国の中国や韓国、あるいは台湾を見ると、彼らは日本の失敗を「反面教師」として、鮮やかな展開をなしとげ、まずＩＴ技術の企業化・社会化に成功し、それによってＧＤＰを成長させ、一人当たりのＧＤＰで、日本に迫り、一部は日本を追い越しつつある。為替レート比較ではまだ日本が上だが、生活実感を体現するのは、「購買力平価による比較」であり、これによると台湾はすでに日本をはるかに超えており、韓国も日本に迫りつつある（北朝鮮との統一問題を考えると、可能性はいよいよ大きい）。人口大国の中国は、一人当たりベースではまだ世界の低位レベルにあるが、その地位は加速的に向上しつつある。勃興する中国と停滞する米国との狭間で様々なグローバル現象が生まれている。その焦点がトランプ大統領による「新冷戦」、すなわち米中デカップリング（分断）作戦である。

註

（1）私は、身近に旧知の海南省南海研究院呉士存院長、武漢大学前副学長胡徳坤教授の顔などを確認した。
（2）『人民網』日本語版、二〇一九年九月三十日。
（3）なお、アーム社の中国における子会社の株式は過半数が中国政府系企業連合に売却済みだ。WSJ2018.6.6.
（4）U.S. regulator to bar China's Huawei and ZTE from government subsidy program, WASHINGTON, Reuters October 29, 2019. なお華為技術について魏向虹（アジア連合大学院研究員）から数々の教示を受けた。
（5）Niels Bohr, *Essays 1932-1957 on Atomic Physics and Human Knowledge*, Dover Books on Physics, 1957.
（6）「我国将力争在 2030 年前后建成全球量子通信网——访我国量子科学实験卫星首席科学家潘建伟」赵金龙、王晓亮、本报记者邹维荣『解放軍報』。
（7）二〇一八年五月三日コーネル大学ホームページおよび五月十九日 WIRED 参照。
（8）安徽量子通信创新成果、亮相中央政治局集体学习活动。2013 年 9 月 30 日　http://www.quantum-sh.com/news/146.html
（9）習近平「加快推进网络信息技术自主创新」新華社、2016 年 10 月 9 日　http://news.xinhuanet.com/politics/2016-10/09/c_1119682204.htm
（10）習近平「在中国共产党第 19 次全国代表大会上的报告」新華社、2017 年 10 月 27 日

http://www.china.com.cn/19da/2017-10/27/content_41805113_3.htm
(11) 国家主席习近平发表2018年新年贺词、新華社、2018年12月31日
www.xinhuanet.com/2017-12/31/c_1122192418.htm+&cd=1&hl=en&ct=clnk&gl=au
(12) 「记中国科技大学创新研究群体」『科学報』2006年3月6日
http://www.nsfc.gov.cn/publish/portal0/tab88/info1692.htm
(13) **指導教授は量子物理学者 Anton Zeilinger であり、墨子号で子弟対話が行われた。**
(14) 中国将力争在2030年前后建成全球量子通信网、新華社、2016年8月16日
http://news.sina.com.cn/c/sd/2016-08-16/doc-ifxuxnpy9658879.shtml
(15) http://news.xinhuanet.com/politics/2016-05/19/c_1118898033.htm
(16) http://www.gov.cn/zhengce/content/2016-08/08/content_5098072.htm
(17) 量子计算：第四次工业革命的引擎、新華社、2018年1月10日
(18) 〝量子调控与量子信息〟重点专项2017年度项目申报指南、国務院科技部、
http://www.gov.cn/xinw-en/2016-10/11/5117251/files/9466f710b97242638648951 1b7f727f9.pdf
(19) 空间科学卫星科学研究基金启动、新華社、2017年5月24日
https://wxn.qq.com/news/20170524015535/NEW2017052401553500
(20) "Alibaba to spend more than US$15bn on technology research with launch of collaborative academy," South China Morning Post, October 11, 2017, http://www.scmp.com/business/article/2114853/alibaba-spend-more-u15bn-technology-research-launch-collaborative-academy
(21) 百亿元安徽量子科学产业发展基金启动运营、China News Network、2017年12月12日
(22) 山东省量子技术创新发展规划、2018年3月6日
http://www.sdstc.gov.cn/uploadfiles/ueditor/file/20180305/1520234573711015373.doc
(23) 济南将为量子通信安全做〝国标〟、2018年3月24日
http://news.takungpao.com/mainland/topnews/2018-03/3554886.html『大公報』
(24) 中国科学院量子信息与量子科技创新研究院揭牌仪式在合肥举行、7月11日上午、中国科学院量子信息与

量子科技创新研究院揭牌仪式在中国科学技术大学先进技术研究院举行。
https://iat.ustc.edu.cn/new_expo/1045.html

（25）合肥建设国家科学中心从〝设计图〟转为〝施工图〟、China News Network、2017年9月13日
http://www.chinanews.com/gn/2017/09-13/8330201.shtml

（26）安徽拟申报建设量子信息科学国家实验室、总投资约七十亿元、2017年7月11日
http://news.163.com/17/0711/15/CP2TJ9V7000187VE.html

（27）「〝十三五〟科技军民融合发展专项规划」http://www.aisixiang.com/data/106161.html

（28）山东省量子技术创新发展规划、2018年3月6日
http://www.sdstc.gov.cn/upload-files/ueditor/file/20180305/1520234573711015373.doc

（29）中船重工与中国科大成立量子联合实验室、新浪、2017年11月28日　http://news.sina.com.cn/o/2017-11-28/doc-ifypacti8966967.shtml

（30）薛其坤、1963年12月出生。于山东省临沂市、材料物理学家、中国科学院院士、中国科学院物理研究所研究员、清华大学教授、博士生导师、第二届高等学校科学研究优秀成果奖（科学技术）奖励委员会委员、北京邮电大学电子工程学院院长、2017年12月任北京量子信息科学研究院院长。

（31）http://www.sohu.com/a/212602971_473283

（32）军科院国防科技创新研究院多措并举凝聚创新力量
http://www.81.cn/jwgz/2018-02/04/content_7931564.htm『中国軍網』。

（33）http://www.mod.gov.cn/mobilization/2018-02/04/content_4804117.htm

（34）http://www.scmp.com/news/china/diplomacy-defence/article/2130777/china-en-lists-top-scientists-mission-become-military

（35）空间科学先导专项传播策略分析、2017年6月22日
http://www.bsc.cas.cn/jlyd/ywyj/201706/t20170622_4606060.html

（36）「我国将力争在2030年前后建成全球量子通信網――訪我国量子科学実験衛星首席科学家潘建偉」『解放軍報』2016年8月16日）。私は「5G量子覇権――米中冷戦のゆくえ」『中国情報ハンドブック』蒼蒼

社、二〇一九年、五七―九五頁でこの発言を引用した。

(37) “China Builds ‘two bombs, one satellite’ Memorial Museum,” *Chinese Academy of Sciences*, September14, 2015, http://webcache.googleusercontent.com/search?q=cache:zbRsAsGqhCYJ:english.cas.cn/news-room/news/201509/t20150914_152299.shtml+&c- d=2&hl=en&ct=clnk&gl=us

(38) “Advancing Quantum Information Science: National Challenges and Opportunities,” *National Science and Technology Council*, July 22, 2017, https://obamawhitehouse.archives.gov/sites/whitehouse.gov/files/images/Quantum_Info_Sci_Report_2016_07_22 final.pdf

(39) Kate Conger, “Google Employees Resign in Protest Against Pentagon Contract,” *Gizmodo*, May 14, 2018, https://gizmodo.com/google-employees-resign-in-protest-against-pentagon-con-1825729300/amp

(40) Elsa B. Kania, “Tech Entanglement– China, the United States, and Artificial Intelligence,” *Bulletin of the Atomic Scientists*, February 6, 2018, https://thebulletin.org/tech-entanglement%E2%80%94chi-na-united-states-and-artificial-intelligence11490

第七章　二つの全体主義の狭間で

一　ネイサン教授との出会い

明治大学現代中国研究所主催のシンポジウム「六四・天安門事件を考える」において、著者に与えられた課題はアンドリュー・ネイサン教授の基調報告（石井知章・及川淳子編『六四と一九八九』第一章「習近平と天安門の教訓」）に対するコメントとされていた。その後、シンポジウムの数日前に張博樹著『新全体主義の思想史』（邦訳）[1]が届いた。そこで著者は、これら二つに対してコメントすることにしたい。

まず、ネイサン教授との出会いについて述べよう。

ネイサン教授とお会いしたのは昨年のこと、今回のシンポジウムの打ち合わせのため来日された時であった。しかしながら、雑誌を通じて「知己」のような感情を抱いていた。香港で陸鏗 LuKeng 老板の発行する『百姓』（一九九一年六月一日号）に寄稿した際に、外国人寄稿者として陸老板が選んだのはネイサン教授と矢吹の二人であった。陸老板は胡耀邦単独インタビュー

図7－1　香港『百姓』半月刊 1991 年 6 月 1 日号

をこの雑誌に掲載し、胡耀邦失脚の一因を作ったと批判されたことさえある大物ジャーナリストである。この特集は天安門事件「二周年記念」号であった（図7―1）。

張戎夫妻の『マオ――誰も知らなかった毛沢東』が邦訳されたとき（講談社、二〇〇五年）、日本の書評は、例外なくすべて提灯持ち書評であった。[2] 私は一読して、この本は杜撰な創作であり、現代史研究の参考にはならないと「激辛書評」を書いて、これを酷評した。ソ連解体に伴いアルヒーフから流出したコミンテルン文書によれば、たとえば柳条湖事件は、コミンテルンの仕業であり、云々と、荒唐無稽の記述が散見された。

実は当時、三笠宮「親衛隊」筋から、私の許に頻繁に問い合わせがあり、私は彼らの質問に答えるために書評を書いた、これが舞台裏の真相であった。三笠宮は「若杉参謀」の仮名で大陸の参謀本部で働いた体験[3]があり、皇軍の蝗軍にも似た蛮行を目撃し、戦後はこれを反省して、陸軍大学同期生で、戦後東大に復学した「学友たち」と勉強会を続けていた由で、その勉強会で『マオ』の記述が話題となった。この事件がもし河本大佐たちの仕業でないならば、侵略戦争を反省して戦後を生きてきた旧軍人の立場はどうなるのか。このような深刻な動揺の末にその記述の真偽について私への問い合わせがあった。私は即座に「デタラメ本にまどわされないように」と返信メールを書いた。

一連の返信メールを書評の形でまとめたとき、私にとって強力な援軍となったのが、イェール大学のスペンス教授の書評「モンスターの肖像」[4]とネイサン教授の書評「翡翠とプラスチック」[5]であった。ネイサンは怪しげな記述を具体的に数十列挙して、「匿名のインフォーマント」の資料が、典拠を欠くおそれがあることを一つひとつ具体的に示して、プラスチック製のニセモノでホンモノの翡翠の代用とすることはできないと結論し、私にとっては心強い援軍となった。日本で私は孤立無縁だが、アメリカ学界に援軍あり、の気分であった。

ネイサンとの縁はもう一つある。それはネイサン編『天安門文書』[6]である。私はこの本が出たとき、資料の信憑性を鑑定するコメントを求められた。この英訳本を矢吹編『チャイナ・クライシス』[7]と比較対照して「この資料はニセモノにあらず。ホンモノと判断してよい」と断定した。これら三つの出来事を通じて、私はネイサン教授が事実に基づいた思考を進める誠実な研究者であると認識した。

ネイサンと張博樹の関係について。今回シンポジウムの前夜に届いた張博樹新著『新全体主義の思想史』（白水社、二〇一九年）を読み、両者の深い精神的繋がりを感じた。つまり、ネイサンと張博樹とは、むろん別個の人格だが、その思想は一脈つながっていて、ネイサンは張博樹のメンター（庇護者）に見える。[8]この観察から、両者を合わせてコメントしようと考えた次第である。

さてネイサン編『最後的秘密』[9]が香港で天安門事件三十周年を記念して出版された。シンポジウムにおけるネイサン報告は、この本に寄せた序文である。なぜネイサンは政治局拡大会議（一九八九年六月十九～二十一日）および中央委員会（六月二十三～二十四日）を基調報告の中心

図7－2　趙紫陽解任を決定した1989年6月21日政治局拡大会議

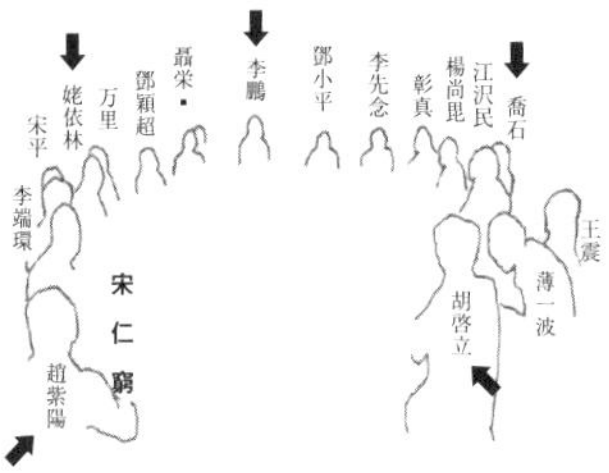

（於中南海懐仁堂、矢吹晋『保守派 vs 改革派』より）

に据えたのか。それは今日の習近平体制の原点・源流がこの会議に求められるからだ。すなわち今日の習近平の強権体制という帰結は、天安門事件直後の政治局拡大会議および中央委員会の決議に発するという認識に基づいて、この会議の細密画を描いた。当時の状況については、断片的な情報は流れており、その概略は分かっていたと解してよい。というのは、趙紫陽抜きの会議で趙紫陽処分を決定したのではないか、という憶測、あるいは疑惑が広く流布されていたので、これらをデマと断ずるには、ある程度の情報公開が避けられなかった。例えば図7―2はその一例である。

この写真は『人民日報』（一九八九年六月二十五日）に掲載された。私はこの写真の顔面判別（facial recognition）に挑戦し、『保守派vs.改革派』（蒼蒼社、一九九一年）に分析図を掲げた。現役の政治局常務委員五名を包囲するかのように長老たちが座る会議で、趙紫陽処分は決定された。この事実は当時から、その輪郭は分かっていたが、今回のネイサン報告・解説を通じて、その細部が明らかになった。政治局拡大会議は六月二十一日に中南海で開かれ、二十五日付の『人民日報』で報じられた。政治局会議（あるいは政治局拡大会議）の写真が報じられるのは、珍しい。このような写真を公表する必要性に迫られたのは、繰り返すが、「趙紫陽処分への反発」が強かったからだ。その反感が「各方面で趙紫陽のいないところで欠席裁判をした」とか、甚だしきは「趙紫陽は殺された」といった類の噂であった。

写真説明の右の文字中、⬇印が現職の五人の常務委員。趙紫陽は一番隅にいて、李鵬が真ん中にいる（鄧小平の左隣）。李鵬と趙紫陽、このふたりは、党の権力（趙紫陽）と行政の権力（李鵬）が分裂した構図を示している。写真を誰が撮ったか。撮影者楊紹明は楊尚昆の息子である。[10] ネイサンの論考は、この会議で誰がどのような発言を行ったのか。欠席して「書面発言」を行ったのは誰か。それらを細かく紹介することによって、中国共産党のトップ指導部が天安門事件から、どのような教訓を引き出して、その後の統治の「反面教師」としたのかを、あたかも細密画を描くように解剖して見せた。[11] つまり、天安門事件の教訓として、権力の中枢が党と政に分裂したことが問題の核心だと総括して、「党の一元的指導」、「党による政のコントロール」を今後の対策の核心として位置づけたわけだ。

学生や市民の立場からすれば、中国共産党の指導あるいは支配のあり方を批判し、民主化を要求することがその課題であったが、権力の側から見ると、問題は「権力側の分裂」にあり、それゆえ、課題は「分裂を防ぐための、党の一元的指導の強化」になる。問題のとらえ方自体が大きく隔たっており、それゆえ具体的な対処策も、まるで異なる。こうして天安門事件は原因の認識や対策の方向性について、認識の差異が埋められることはなく、三十年が経過した。

二　『新全体主義の思想史』を読む

さて、張博樹教授の新刊書タイトルは「新全体主義」と名付けられている。この「全体主義」という言い方に、私は異論がある。

張博樹の「動態スペクトル」は、天安門事件以後三十年の中国政治がどのような軌跡で動いたかを端的に説明している。図7―3のように横軸は、その政治的立場を左派から右派まで並べたものだ。左から読むと、毛左派――新左派――中間派――新権威主義――党内民主派――憲政社会主義――温和自由派――急進自由派――急進仇中共派――（右派）となり、左派には①毛左派と②新左派、③中間派の三派、右派には、右から数えて、①急進仇中共派、②急進自由派、③温和自由派、④憲政社会主義、⑤党内民主派、⑥新権威主義の六派が数えられる。左右を合わせて（三＋六）都合九派がそれぞれの政治的主張を展開した。しかしながら、これらの九派は、縦の時間軸を見ると、下から上へと左へ引き寄せられつつあることが明瞭に読み取れる。まず左派は①毛左派と②新左派、③中間派の三派が合流へ向かって動いた。右派六派も「立場が揺るがない反体制派」と「党＝国家へすり寄るグループ」に両極分化が進み、中間派

図7－3　張博樹「動態スペクトル」を読むと反体制派の孤立が浮かぶ

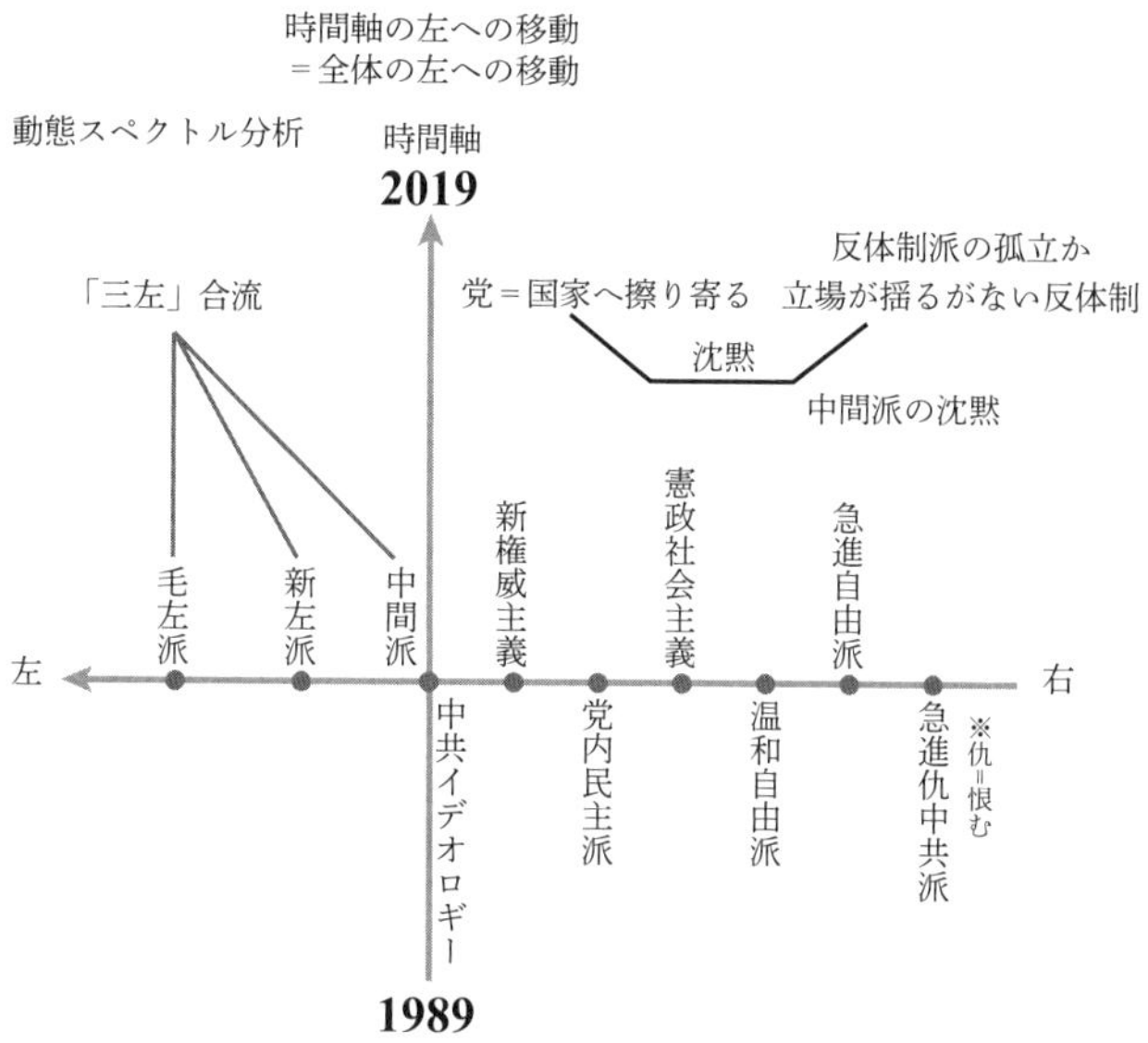

は孤立した。要するに中国政治が全体として左向きになり、中間派は沈黙した。そこから導かれる結論は、「立場が揺るがない反体制派」の孤立にほかならない。張博樹は、この「動態スペクトル」を描くことによって、自らの孤立化、すなわち「民主化への展望」が失われつつある事実を告白した形だ。これが天安門事件以後三十年の中国政治の厳しい現実の姿である。

天安門事件以後の九種の思想流派の動態的仕分け論、見取り図としてこれに勝る分析はあるまい。たぶん最良の分析だ。しかしながら、その帰結としての習近平思想を「新全体主義」と呼ぶのは、旧全体主義のもつ多義性・イデオロギー性に鑑み、疑問が残る。習近平による治国は一面では旧全体主義を超える「超全体主義」の色彩をもつが、これは二十一世紀科学技術による管理社会としての「先進モデル」でもあり、G７のような先進国も類似の管理社会化への道を歩んでいる。[12] 生い立ちは異なるが帰結は類似する二種の管理社会をどのように止揚すべきかが問われている。

天安門事件以後の諸子百家

張博樹のいう、いわゆる「九大思潮」とは、①リベラリズム、②新権威主義、③新左派、④毛沢東左派、⑤党内民主派（李鋭、朱厚沢）、⑥憲政社会主義、⑦儒学治国論、⑧新民主主義回帰論、⑨ネオ・ナショナリズムである。これらの併存は、少なくとも中国思想界にある種の表面的なにぎわいをもたらしてきた。それは鄧小平後の権威主義体制（江沢民、胡錦濤治世を含む）に見られた特異な思想風景であろう。しかしながら、その後、習近平の説く「新時代」（張博樹はこれを「新全体主義時代」と呼ぶ）に突入し、すべてがさらに悪化した。中国の思想界はますます両極化し、反抗と犬儒主義（cynicism）が加速している。分裂が拡大している。[13] 要するに、政治体制の変革として、未来の中国における「革命」は不可避だが、その手段・道筋として、未来の中国における「革命」には様々な可能性があり得る。基層からの単一的な暴力革命は、現在はもはや成功する望みはなく、ふたたび提唱すべきではない。われわれにできることは、やはり最大限の努力で自らを強くし、民間を強くし、非暴力の形で中国の変革を促進し、それと同時に出来得る限り体制内の同盟軍を探すことである。なぜなら、どのような情勢下でも、局面を収拾するには内外の連携が必要だからだ。それは、この新全体主義の時代においても、依然として期限切れというわけではないからだ（同訳書、九二頁）。

中国思想スペクトル変遷の動態分析座標中心点の変化

前述のように、胡錦濤・温家宝政権後期において、党＝国家はすでに座標の「右への抑圧」の度合いを増大しはじめているが、この右とは「穏健なリベラルな知識界だけではなく、民間ＮＧＯ組織、都市や農村の権利保護運動、宗教の自由をめぐる運動」を含んでいる。こうした弾圧は、党＝国家・政府が新たな世紀に入ってから急速に発展した中国の市民社会への、いわば遅れてやってきた反応であり、党＝国家専制の立場に基づいた、逆方向への弾圧的相互作用なのだ。このような弾圧自体、党＝国家統治者の左転換を示しているが、その中心点が時の経過とともに左へと移動する過程は、胡錦濤・温家宝政権後期に、すでに始まっていた。

そして二〇一二年秋の第十八回党大会後、習近平の新全体主義が登場すると、中国共産党イデオロギーの「左転換」はさらに激化し、中心点は左への移動を続けている。このような左旋回は、民間での左右両翼の分別上、相互の反応を誘発している、と張博樹は論を進める（同訳書、三六七頁）。

さらに続ける。本書は毛沢東左派、新左派が、「習近平の中央へ媚を売っている」と繰り返し指摘してきた。張宏良が「中国の夢」への解説を行い、王紹光、汪暉などは普遍的価値に対しても自覚的に包囲討伐へと向かっているが、こうしたことはすべて彼ら本来の性格に基づいている。習近平の身の上でますます強まっている「毛沢東のような特徴」は、毛沢東左派を興奮させ、また新左派を感激させている。薄熙来は政治の舞台から下りたものの、習近平の「新政」と重慶の「新政」とは同じ流れを汲むものであるばかりか、規模はもっと大きく、その影響もさらに深遠なものである。したがって、この何年かの間での左派の思想的舞台の特徴とは、「三左合流」という奇妙な状況であり、官側の「左」という正統性は、民間における毛沢東左派、新左派と一致して歩調を合わせるようになっている。もちろん、習近平の「新政」には、「市場化とネオ・ナショナリズムを継続する」という側面がある。「三左合流」は、毛沢東の遺産を継承し、「二十世紀の革命経験を重んじ」、西側路線などとの合流を拒否している(同訳書、三六八頁)。

ここ何年かの中国左派の思想的舞台の特徴が「三左合流」であるとすれば、右派の思想舞台の特徴とは急速な分化であり、一部の「転向」によって、党＝国家の胸もとになびいていったことである。この「分極化」はさらに明確で断固とした反体制の道に向かっているが、その一部は苦しい展望のもとで徘徊し、改めて自分の位置とその果たすべき役割と方法を見出そうと試みている。右の転向は決していまにはじまったことではなく、甘陽や汪暉などが、その例である。近年の蕭功秦はおそらく半「転向者」と言える。というのも、彼はいみじくも新権威主義の目標を、もともとの「民主憲政」から「特色のある社会主義」、あるいは「賢人の政治」へとこっそりと置き換えたからだ。もちろん、蕭功秦は党＝国家のプラットフォームと同じ位置で歩んでいるわけではなく、この点で、甘陽らとは依然として同じではない。新権威主義者の呉稼祥、リベラル派の焦国標、党内民主派の辛子陵らはいまだに習近平本人への期待に満ち、自らの信仰を放棄していないばかりか、習が民主的路線を選択するという希望を抱いている。本書の立場から見れば、このような認識は稚拙なものだ。残念ながら、習近平中央が二年余りの区切りをつけても、意外なことに、こうした稚拙な者がいくらでもいる（同訳書、三六八頁）。

張博樹が本書で扱った汪暉、王紹光、甘陽、劉小楓などは、すべてそうしたものの代表と見られる。彼らは体制内で純粋に権力に混じって飯を喰っていながらも、ただ党＝国家の命令を聞いて、いくつかの命じられた作文だけを書いて、党への賛歌を歌うような「役立たない学者」とは異なって、多くの場合「独立した」顔で現れ、民間のあるいは「学術」の言葉で現実を飾りつくろい、歴史を歪曲し、少しだけ批判はするが大局では大いに手を貸し、党＝国家の大歴史観を肯定するという前提のもとで目下の「問題」を指摘している。また彼らは、西欧留学から帰った学者としての身分でその見聞をごちゃ混ぜにして、誤って大衆を誘導し、故意に深淵さを装い、歴史上の偽りの命題で学界、そして青年たちに害を及ぼしている（同訳書、三七四頁）。「学術」がある種の精巧な道具になった際、とくに権力への歓心を買って、それに取り入る際、媚を売ることはすでにただ「媚を売る」のではなく、ある種の投機をしているのである。あの年に重慶に大急ぎで駆けつけた学者達は、大部分がこの疑いから逃れることはできない。[14] この意味で張博樹が張木生を好むのは、たとえその観点が必ずや叩かなければいけないものであるとはいえ、この人物は少なくとも心に裏表がなく、まるで一匹狼のように振る舞っているからだ（同訳書、三七四—三七五頁）。

『環球時報』編集長の胡錫進の限界

張博樹は分析を続ける——感心させられるのは、胡錫進が一貫して党機関紙の調子で言葉にしているわけではなく、党文書の直接的メガホンでもなく、一つの言葉通りの、思想の凝り固まった伝道者を演じたくないようにみえること。どんな方法がもっとも良く党のイデオロギーを貫徹させ、党と国家の利益を守ることができるのかについて、胡錫進とその『環球時報』は、やはり効果的な探求をなしとげた。たとえば、時にはいくらかの「人間らしい話」もするのだが、「王立軍事件[15]」の発生後に様々な噂があちこちで起き、真相がいわゆるデマによって広まった。この状況に対して、党機関紙はあまねく声明を発し、独裁政府機関に対して法的手段でそれを制止するように求めた。ところが、胡錫進と『環球時報』は、関連政府部門ができるだけ早く真相を公表することがデマ拡散を制止するもっとも良い手段であるとする声明を発した」。『環球時報』はその他の党機関紙のように、マルクス主義の言葉を頼りに、党の路線や政策宣伝を主にするのではなく、改めて愛国主義とナショナリズムを主とするイデオロギーで言葉を切り開いたが、これは疑いもなく、党宣伝の策略に対する重大なる調整であった（同訳書、三七五〜三七六頁）。知識社会学の角度から見れば、胡錫進の行ったことは、党＝国家専制という舞台のために幕を引く道化者の役を演じていたというに過ぎないのである。「媚を売る者」の存在、そして党＝国家専制統治の精致化とは、中国の学術・メディアのシニシズム化（犬儒化）、さらに質の劣化の具体的現れである（同訳書、三七六—三七七頁）。

　張博樹は続ける。彼は歴史の長い流れから見て、新左派、毛沢東左派といった類の思潮は、歴史に耐えることはなく、ただリベラリズムだけが中国の未来を代表していると信じるものである。たとえ独裁体制が依然として十年、二十年、さらに五十年存続することができたとしても、それがどうだというのか。歴史発展の基本的方向を変えることだけはできないのである。新全体主義権力の時代とは、行動者を抑える時代であり、ひとりの思想家を醸成する時代でもある。行動者がたしかな現実について話せば、必ずや刑務所に入る準備をしなければいけないが、この意味で新全体主義によるネット統治は、リベラル派の行動を助けてもいる。思想家が徹底的に話せば、新全体主義の抑圧がすでに譲歩して退くことを許さない段階に直面しているが、ここには公明正大な人物が必要であり、この意味で、新全体主義の権力統治は、リベラル派の思想家を助けているのだ。さらに重要なのは、この専制体制がぼろぼろになって、その内部矛盾がすでに十分に暴露されていることである。思想の面では、それを解体する条件はすでに熟している。ミネルヴァの梟はすでに飛び立った（同訳書三八六—三八七頁）。英国の哲学者ジョン・ロック（一六三二〜一七〇四）は「生命、自由、財産」が人から奪うことのできない「自然権」であり、政府の存在はこれらの権利を保護するためにあり、否定することではないと強調している（三三二頁）。こうして生まれた欧米が帝国主義を生み、その帝国主義支配はいまも続く。現代リベラリズムは、公権力（政府）の正統性が市民の授権にあると考えている。政府職員は公権力が委託した執行人に過ぎない。ところが現代の公権力も、おそらく独占を形成して変質する。このことから、もっとも簡潔な言葉で現代リベラリズムの核心的な命題を概括すれば、それは市民の権利を伸長・保護し、公権力を制限・監督するという二つに収斂する。政治領域であろうが、経済あるいはその他の社会生活領域であろうと、これら二つは普遍的に適用され、憲法の明確な保護を受ける（同訳書、三四四頁）。現代における中国リベラリズムのテーマもまた当然市民の権利を高く掲げ、政府権力を制限し監督することで、それは過去半世紀に中国が歩んだ道のりと中国人が経験した独特な経験を基礎にしている。中国人のリベラリズムに対する認識と追求は民国時代からはじまっており、すでに一世紀の歴史がある、と異を唱える人もいる。この意見はもとより傾聴に値するが、事実は一九四九年の革命がこのプロセスの腰を折り、そのことはおよそ二世代にわたる中国人の痛苦の経験を経てリベラリズムを新たに発見するに到らせた（同訳書、三四四頁）。

張博樹の『新全体主義』ではここまでしか描いていないが、彼はこの本に続けて、『紅色帝国の論理』を出版した（図7―4）。この本では、①世界は「米国一強」から「多極化」に向か

図７－４　張博樹教授の新全体主義論の構図

①世界＝多極化
②米中＝新冷戦
③習近平＝デジタル統治

い、②米中関係は協調から「新冷戦」に向かい、③中国における習近平政治は「デジタル統治」、「監視社会化」に向かうと分析している。

張博樹の前掲『新全体主義の思想史』および『紅色帝国の論理』を合わせて読むと、国際政治の激変のなかで中国がどのような動きを示しているか、そのような国際・国内的政治環境のもとで、中国の民主運動がどのような困難に直面しているかが、手にとるように理解できることになる。

三　トゥキディデスの罠

張博樹のスペクトル図のポイントは、天安門事件以後三十年で、中国は民主化、右傾化への進歩ではなく、「左傾化した」と見る分析である。その結果、「反体制派」の孤立化が進行した。他方、国際的には多極化が進み、その過程で「米中新冷戦」という事態が起こってきた。アメリカはいま中国を「競争者（competitor）」と呼び、「敵」とは呼ばないものの、事実上「敵扱い」して、経済的封鎖を目論んでいる。

このような国際環境も影響して、習近平の国内政治は、従来よりもますます厳しい統治になっている。このような政治環境のもとで、反体制運動からすれば、近いうちに政治改革が進む見込みは皆無である。民主化運動復活の可能性はまるで見通せない——このような判断、認識において張博樹の見解が、私の年来の分析とほぼ同じだと知って、私は意外に感じるとともに安堵した。張博樹はきわめて冷静に世界と中国を分析しており、その分析結果、あるいは展望において、われわれの見解に違いはないと私には思われた。[16]

天安門事件以後三十年、中国における民主化はなぜ挫折したのか。私は次の三つの要因を指摘した。

第一は、ゴルバチョフによるペレストロイカ以後のソ連がどのような現実をもたらしたかという帰結である。なるほど旧ソ連の人々は、政治的自由は得たが、経済生活は却って貧しくなった。このような解体以後のソ連の政治経済の現実を長い国境線でロシアと接する中国の人々は、日常生活の種々の局面から熟知している。こうして彼らは「民主化も悪くはないが、生活が貧しくなるのは困るね」とペレストロイカを切り捨てる。中国の庶民は（どこの庶民も同じと思われるが）、現実主義なのだ。天安門事件当時、中国の人々は「ゴルバチョフ歓迎」、「ペレストロイカ万歳」をスローガンに掲げたが、その後の帰結を身近に見て、あのような選択はまずいと判断した。こうして、隣国のペレストロイカは参考にならないどころか、いまや「反面教師」と見られている。他方権力側は、旧ソ連指導部はなぜ権力を失ったのか。その原因を徹底的に分析し、これを反面教師として中共権力の崩壊を防ぐための努力を過去三十年間続けてきた。その対策はただ一語、民衆の生活水準を向上させることである。生活が向上し続ける限り、民衆が政治権力を覆すことはない。「水は舟を浮かべ、時に舟を覆す」の古語のように、大衆は権力を支持するとともに、時には権力を覆す。大衆から見放されないためには、民衆の生活を向上させることが肝要だ。そのための努力を中国の指導部は続けてきた。

第二は、アメリカン・ドリーム、あるいは資本主義世界に対する「幻想の崩壊」である。三十年前、貧しい中国の人々から見て、香港、台湾、日本、そしてアメリカの豊かな消費生活は羨望の的であった。豊かな生活は資本主義的市場経済のみが保証するのだと見られていた。しかしながら、リーマンブラザーズの倒産を契機とする世界恐慌は、世界、そして中国の人々に、恐慌の恐ろしさを教え、豊かな資本主義への幻想を打ち破り、失業の危機と階級格差拡大の現実を深く教えた。アメリカン・ドリームは、幻想に過ぎないのだ。夢は所詮夢であり、アメリカの失業の夢を見るのではなく、中国の生活向上の現実を見よう。現実が人々の認識を変えた。最近のトランプの対中国制裁をみて、これが民主主義国の政策かという疑念が急速に広がりつつある。要するに、アメリカン・ドリームはあたかもしゃぼん玉のように消えた。

第三に、中国は経済成長に成功して世界第二の経済大国になっている。「過剰な自信」とさ

図７－５　米中 GDP 成長率比較（米 35％、中 325％）

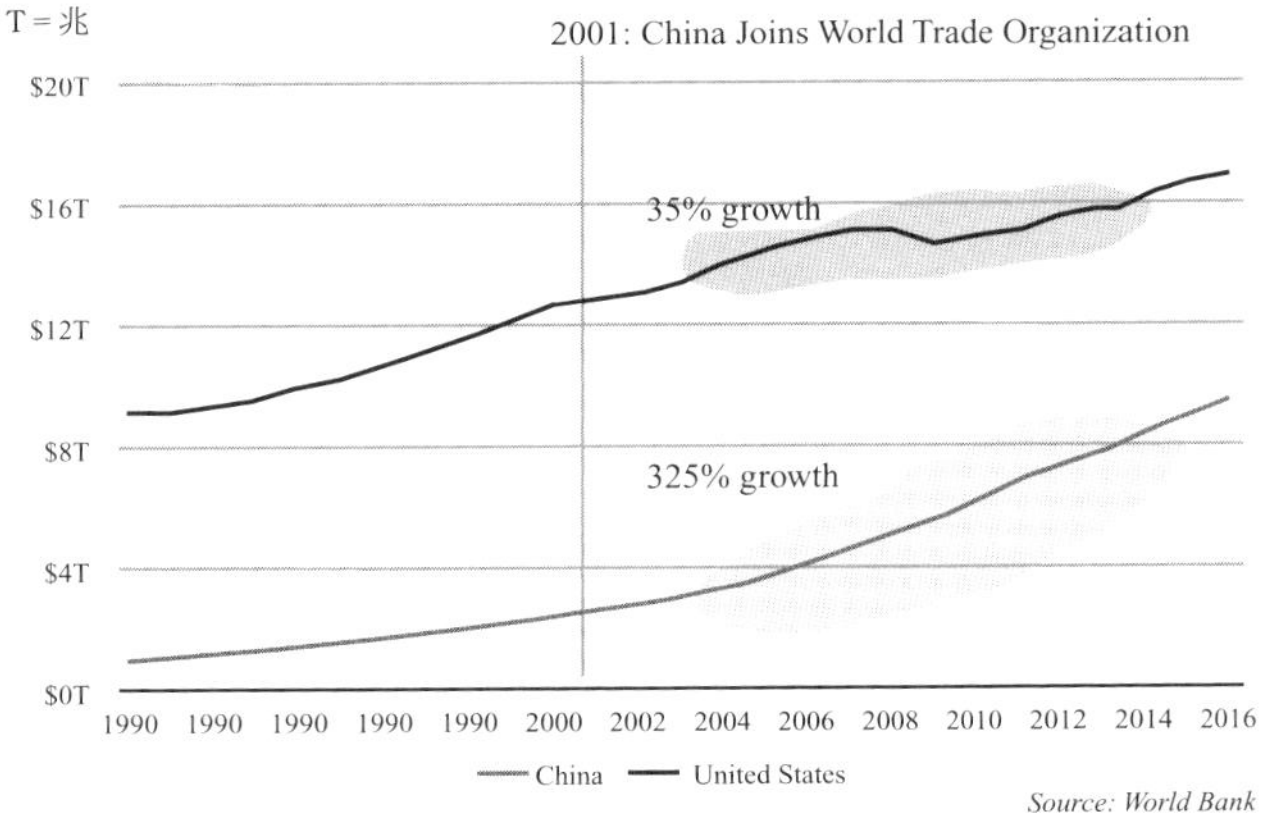

えみうけられるほどの表情が見える。いくつかのグラフで説明したい。

次の図７―５は、世界銀行の資料に基づいて米国政府がまとめた報告書の一例である。[17] 中国がＷＴＯに加盟してから二〇一六年までの十六年間、米中のＧＤＰ成長率を比較すると、中国は三百二十五％成長したのに対して、米国の成長率は三十五％にとどまっている。つまり中国は米国の約十倍のスピードで成長している。このところ成長率は少し落ちているが、それでも十倍程度は維持している。二〇〇〇年時点では、三兆ドルと十二兆ドル、四倍の開きがあったが、十倍の速度で追いかけるならば、ウサギがカメを追い越すのは、容易に見てとれる。

これは為替レート換算による比較だが、購買力平価で計算すると、中国はすでに米国を上回っている（図７―６）。

図7－6　GDP ランキング・購買力平価（2017 年 CIA 推計）

	国名	10億ドル
1	中国	23,210
2	米国	19,490
3	インド	9,474
4	日本	5,443
5	ドイツ	4,199
6	ロシア	4,016
7	インドネシア	3,250
8	ブラジル	3,248
9	英国	2,925
10	フランス	2,856

この表は国連が定期的に行っている購買力平価による各国の国力比較だが、最新の二〇一七年版によると、米国十九兆四千九百億ドルに対して中国は二十三兆二千百億ドルであり、二割近く中国が大きい。この国連推計を米国ＣＩＡはそのまま用いて、ＣＩＡが全世界の国力調査を行う FACT SHEETS に掲げている。類似の図表をもう一つ掲げる。

ハーバード大学アリソン教授の「トゥキディデスの罠」論が時折話題になっている。[18] 二〇〇四年当時は、中国のＧＤＰは米国の約半分ほどの小ささであったが、二〇一四年には国連購買力平価推計のように米中が均衡した。この成長率が維持されるならば、二〇二四年には中国は米国よりも四割大きくなるという予測である（図7―7）。そしてこのような勢力の逆転が起こるときに、両国は戦争に陥りやすい。これがトゥキディデスの罠である。

戦争か否かはさておき、米中の力関係の逆転がいま様々の面で現実に起こりつつあることは、疑いのない事実であろう。

図7－7　「トゥキディデスの罠」論の背景

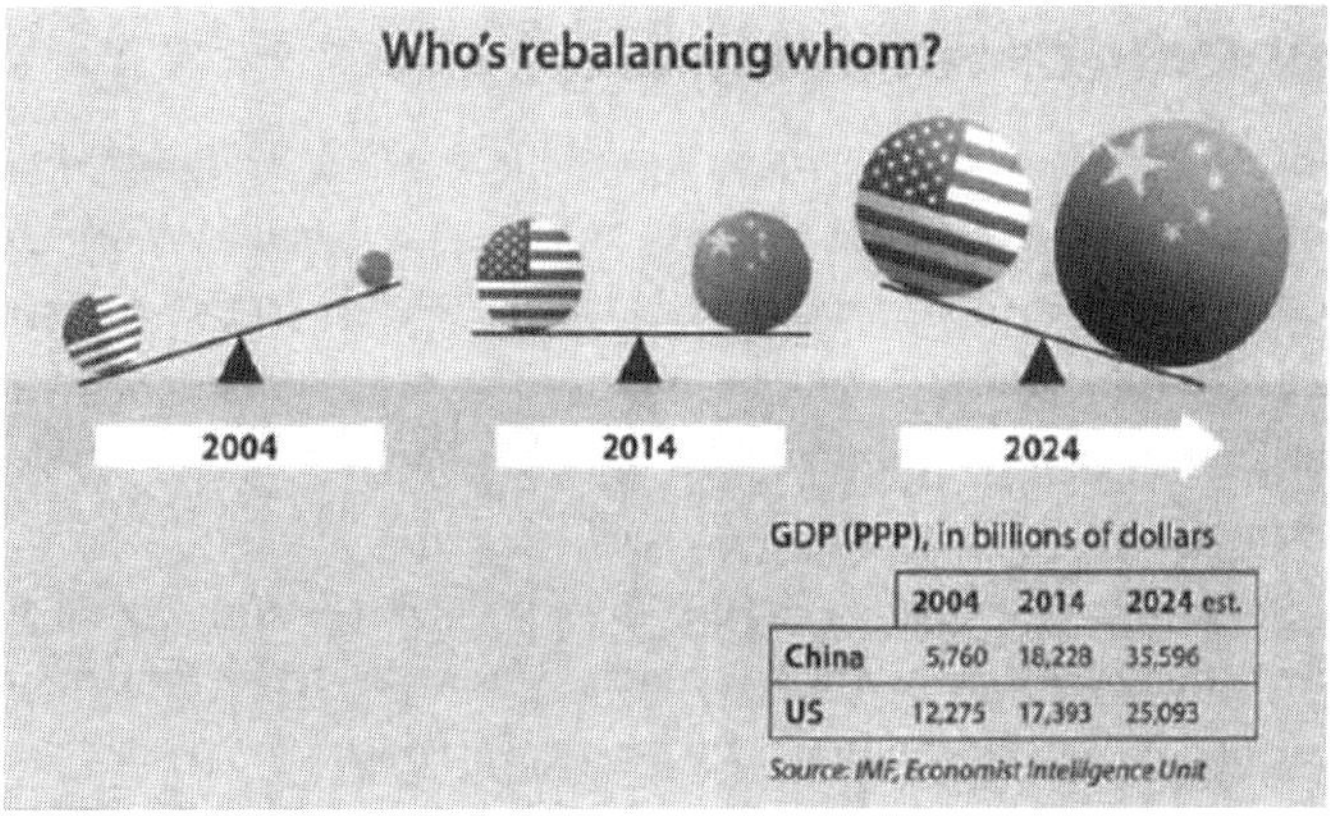

四　東西を覆う全体主義

ここで張博樹の説く現代中国の思想潮流から離れて、現代史において全体主義がどのように論じられてきたかを広い視野から再考して見よう。まずこのキーワードの創始者①ハンナ・アーレントは『全体主義の起原』[19]で、ファシズムやナチズムを「全体主義」と呼び、いずれも共産主義の影響を受けたものと論じた。そして②フランツ・ボルケナウは『全体主義という敵』[20]で、ファシズムと共産主義は実質的に同一と記し、ロシアは「赤いファシズム」、ナチス・ドイツは「褐色のボルシェヴィズム」と呼んだ。③ジョージ・ケナンは、ナチス・ドイツとソビエト連邦と大日本帝国の三つを全体主義国と呼んだ。

ここから分かるように、全体主義というキーワードは、枢軸国と連合国との間で戦われた第二次大戦期に、連合国側が、イタリアのファシズム、ドイツのナチズム、日本の軍国主義を指して広く用いられた。当時は連合国側に属したソ連は全体主義に含められていない点に注意したい。第二次大戦後の冷戦期には、枢軸国の政権が解体されたことに伴い、かつては連合国の一員であったソ連および東欧、そして中国、北朝鮮を指す文脈で用いられた。ポスト冷戦期には、ソ連東欧の民主化が行われたので、この言葉の対象は、中国、北朝鮮（ベトナム、キューバ）に変わった。張博樹の「新全体主義」論は、習近平による治国を指して批判し、これにリベラリズムを対置したものだ。

ここで私のコメントは、次の三カ条である。

第一、習近平体制を「新全体主義」と規定することの是非である。「デジタル・レーニン主義の可能性を視野に入れた新思考」が必要ではないか。旧全体主義の多義性と政治的レッテル性、すなわち「反共イデオロギー」の色彩があまりにも濃いので、その功罪を腑分けして、新たな概念規定が必要ではないか、と私は考えている。

第二、「新全体主義」に対置した「リベラリズム」の功罪分析が必要であろう。リーマン事件以後顕著な「資本主義の劣化」に、リベラリズムはいかなる責任をもつであろうか。端的な一例を挙げれば、トランプの発動した対中新冷戦を許している米国政治こそが「習近平の独裁を外から支えている」側面に着目したい。これは一九五〇～七〇年代に展開された「和平演変論」の再版に酷似する。

第三、中国党＝国家・社会の「監視社会」化を支えている中国全システムのデジタル化（数字化）をどのように認識するのか。類似の「監視社会」化は、G７諸国、いな全世界で進展しつつある。スノーデンの暴露やオニールの著書[21]が提起した米国市民の「総点数化システム」は、もう一つの監視社会であろう。日本でもクレジット点数制は着々と進行していることを忘れてはならない。

ネイサン曰く、「天安門事件から三十年が過ぎた。習近平の領導する中国共産党はいまだに「持久戦」を続けている。いつまでこれが可能かは、歴史だけが教えてくれる」と。然り。三十年にわたる「持久戦」のなかで、どのような変化が生じたのか。それをさらに検証すべきだ。著者の私見では、中国社会全体のデジタル化は、かつてのオーウェル的全体主義（Orwellian Totalitarianism）をはるかに超えて「超全体主義」である。他方、スノーデンが明らかにした米国等のグローバル監視システムもまた、中国型監視システムと、大同小異であろう。現代社会は総じて techno-fascism の危機に直面している。中国の「先進型監視社会」を批判するだけで、西側でも顕著な「監視社会化」への警戒を怠るならば、人々は自由を失い、権利を失うであろう。

註

（1）石井知章・及川淳子・中村達雄訳、白水社、二〇一九年六月。

（2）例えば天児慧早大教授の同書解説および『現代』二〇〇六年一月号、国分良成慶大教授＝日経二〇〇六年一月八日付、加藤千洋朝日新聞書評委員＝週刊朝日二〇〇五年十二月十六日号、青木昌彦スタンフォード大名誉教授＝朝日二〇〇五年十二月二十五日、松原隆一郎教授＝朝日二〇〇六年一月十五日等々。

（3）三笠宮は「一九四三年一月、支那派遣軍参謀に補せられ、南京の総司令部に赴任しました。そして一年間在勤しましたが、その間に私は日本軍の残虐行為を知らされました。ここではごくわずかしか例を挙げられませんが、それはまさに氷山の一角にすぎないものとお考えください」と『古代オリエント史と私』（学生社、一九八四年、一六頁）に記している。

（4）*New York Review of Books*, November 3, 2005.

（5）*London Review of Books*, November 17, 2005.

（6）*The Tiananmen Papers*, Edited by Andrew J. Nathan and Perry Link, with an afterwords by Orville Schell, Public Affairs, New York, 2001.

（7）チャイナ・クライシスシリーズ全三巻および『天安門事件の真相』上下巻、一九八九〜一九九一年、蒼蒼社。

（8）矢吹は朝河貫一（一八七三〜一九四八）の歴史学・国際関係論を調べてきたが、朝河を育てたのはメンター役のタッカー教授（ダートマス大学長）であった。ネイサンと張博樹の関係は、矢吹の脳裏で朝河貫一とタッカーに重なる。

（9）『最後的秘密』黎安友導言、新世紀出版社、香港、二〇一九年五月。

（10）私はその後、楊紹明が訪日するフライトでたまたま中国の旅から帰国し、成田空港で彼を呼び止め、立ち話をしたことがある。楊尚昆―楊白冰ラインは江沢民体制が固まるなかで、失脚に近い状態においやられ、カメラマン楊紹明も舞台から消えた。

（11）ただし、遺憾ながらこの資料のなかに陳雲の発言あるいは書面発言は見当たらない。これは何を意味するか、慎重な再検討が必要だ。

（12）例えばスノーデンによるプリズム戦略の暴露など。

(13) 石井・及川・中村訳、一九頁。

(14) 二〇一一年七月十一日重慶大学は人文社会科学院高等研究院を設立し、甘陽、崔之元、劉小楓、王紹光らが参加した。

(15) 薄熙来の部下、重慶市副市長として暗躍。

(16) しかしながら、シンポジウムの他の出席者胡平氏や王丹氏は、張博樹のような冷静な分析は語らず、権力側にとって不利な点を指摘し、民主派にとって不利な点は語らなかった。このあたりが亡命知識人の限界のように思われる。

(17) Supply Chain Vulnerabilities from China in U.S. Federal Information and Communications Technology, APRIL 2018.

(18) Graham T. Allison, *Destined for War: Can America and China escspe Thicydides's Trap?* Scribe Publication, 2017.

(19) *The Origins of Totalitarianism* 1951.

(20) *The Totalitarian Enemy*, 1940.

(21) *Weapons of Math Destruction: How big data increases inequality and threatens democracy*, Cathy O'neil, Broadway Books, New York, 2016.

終章　ポストコロナの時代に……

毛沢東時代が終わり、鄧小平時代が始まった時、中国で「社会主義市場経済」というキーワードが現れた。当時、その意味について様々な解釈が行われたが、私自身は「限りなく資本主義に近い社会主義」をサブタイトルとしたブックレットを書いた（『チャイナ・シンドローム——限りなく資本主義に近い社会主義』蒼蒼社、一九八六年）。この副題について、中国は「やはり社会主義なのだ」と理解して下さる方と、いや「限りなく資本主義に近い」のであり、その帰結は「資本主義以外のものではありえない」と受け取る向きと、半々であった。前世紀の八〇〜九〇年代を通して、市場経済化への道を急ぐ中国を先導したのは日本企業であり、日中経済協力がこの段階で大きな役割を果たした現場を私は訪中先で、いくども直接見聞した。

合弁企業が他の先進国との間でも生まれ、中国経済はいよいよ発展の歩みを加速し、ドイツを超え、日本を超え、ついには米国に迫った。国連が定期的に行っている購買力平価によるGDP国際比較プログラムでは、中国経済はすでに米国を二割方上回っている。この現実に直面して、人々の中国観は二転三転した。

最初は、「社会主義体制」という枠に縛られるかぎり、経済発展は壁にぶつかるであろう。中国経済は発展できず、危機・崩壊に陥るという崩壊論であった。まもなく市場経済の発展が政治体制の枠で妨げられることがないのは、「社会主義が、実は単なる形容句に過ぎない」からだ、とする解釈に変わった。当時は、「市場経済が発展した暁には、政治的民主化が進み、下部構造に適合した緩やかなものになる」のは必至と見る向きが多かった。

前世紀末のアジア通貨危機、二〇〇八年のリーマン恐慌を巧みに乗り切った時、中国経済の躍進は誰の目にも明らかで、いまや中国崩壊論は雲散霧消し、代わって中国脅威論が喧伝された。二十一世紀初頭、中国は「世界の工場」となり輸出大国に成長し、大量の米ドルを得て、そのドルで米国債を買いつける形で、米中相互補完の「チャイメリカ」構造が成立した（矢吹晋『チャイメリカ』花伝社、二〇一二年）。中国の経済力が購買力平価ベースで米国に追いついた二〇一四年、米国のアジア通の間で、深刻な懐疑が生まれた。過去十年の米中の「成長率格差一対十」を未来の十年に延長すると、「中国の勃興」と「米国の衰退」は確実だ。米国は世界覇権を中国に奪われる。

この危機感に囚われてトランプ大統領は中国封じ込めを試みた。関税戦争に始まり、スマホのチャンピオン華為技術を米企業取引禁止のブラックリストに入れた。トランプのチャイナ・バッシングが一進一退、米中間に協力ではなく、「新冷戦」とも呼ばれる敵対感情が高まった時、突如襲来したのが新型コロナウイルスのパンデミックであった。武漢封鎖で中国の人々が苦闘した時、コロナ禍は米国にとって対岸の火事に過ぎなかった。ウイルスはまたたく間に西へ進みヨーロッパを席捲し、太平洋を越えてニューヨークまで地球を一回りした。ニューヨーク州のブレイクアウトは、他のどこよりもすさまじく感染者も死者も激増した。このパンデミックが生まれた背景として見過ごすことができないのは、米中緊張関係によって「ウイルス情報の共有化」が妨げられた点である。

コロナウイルスが武漢を襲った際、「未知の肺炎」に直面して、中国指導部は初期対応でつまずきをみせたが、「ヒト—ヒト感染」の重大性を確認した後の対応は、目を見張るものであった。巨大都市の封鎖が断行され、身分証明カードと監視カメラによる住民監視も効果的に行われた。中国はデジタル・リヴァイアサンという現代の怪物に変身した。

スマホの個人情報や社会を網の目のように覆うビッグデータ監視について、かねて「人権軽視」を批判してきた人々は驚愕して、一斉に人権侵害を声高に叫んだ。まもなく中国から届いたつぶやきは、「人権と生存権を比べて、どちらが必須であろうか」、「中国人は人権侵害を好むのではない。しかしながら、ウイルスによって生か死か、二者択一を迫られている今、人権制限を甘受しつつも生存戦略を第一に置くという選択が果たして間違いなのか」。

二カ月余の断固たる統制措置によって、中国は感染者八万余、死者四千余に押さえることに成功した。翻って人権外交を誇る米国では感染者が二百万に迫り、死者は十一万台で、いずれも中国の二十四倍程度である（六月十日現在）。加えて、米国の死者の多くは、黒人やヒスパニック系の人々だ。こうしたコロナ禍のなかで、黒人市民が白人警官に圧殺される事件が発生し、連邦軍の出動騒ぎにまで発展した。

こうした劇的な舞台転回によって、中国の三十余年前の天安門事件に抗議する東アジアの民主化運動は冷水を浴びた。星条旗を振り、米国歌を歌い、トランプに支援を求めた香港民主派は、深刻なジレンマに直面した。それはこの民主化運動に共感を寄せた日本人の足元を払う。

ウイルス禍という厳しい現実に直面してみると、「人権よりも生存権を優先させた」中国流の強権政治がより有効であることは否定しがたい。翻って民主主義の米国では、人種差別の宿痾があぶり出された。人権外交の旗手は虚飾をはぎとられ、国論分裂という無残な姿を露呈した。中国の監視政治を批判した人々にとって、米国流民主主義も、中国の開発独裁と五十歩百歩ではないか、と思い知らされた形ではないか。

コロナ禍を巧みに処理した中国は、収束の過程で5G通信によるテレワーク組織化を巧みに行い、経済のIT化、中国社会システムのデジタル化は一段と深化した。ポストコロナ世界における指導的立場をいっそう固めたように見える（日本の大学等諸機関は、テレワークの呼びかけにもかかわらず、大人数教育や交流が4G容量では対応できない限界を思い知らされた。隣国と比べた5G通信の立ち遅れは今後の運命を制するおそれさえある）。

ポストコロナ世界において、中国が世界の政治経済のリーダーとしてどのように振る舞うのか、その中華世界とどのようにつきあっていくのか。それは隣国に住む者にとって避けては通れない大きな難問だ。むろん、模範解答はない。いまは問題が提起されつつある段階だ。

九・一一同時テロからリーマン恐慌、そしてコロナ禍に至る過程は、『負債論』で知られるグレーバーの言い方に従えば、パクス・アメリカーナの終焉であり、著者流にいえば、パクス・シニカへの部分的移行過程である。しかし、衰退しつつあるとはいえ、アメリカ帝国主義が世界の憲兵として辛うじてその役割を依然続けていることはいうまでもない。

直近の事態に即して見ると、二〇一九年十一月二十八日、トランプは香港人権法に署名して、あたかも世界の人権擁護者のごとく振る舞ったが、その際に「習近平への敬意」なるリップサービスを付加することを忘れなかった。いわゆる人権外交は、米国のお家芸だが、それを強調する米国が真に黒人をはじめとする有色人種の人権を保証しているかは別問題なのだ。わが沖縄において、あるいは中東やアフリカ諸国において、在外米軍がどのような人権侵害を行っているか。この現実にこそ目を向けるべきだ。パクス・アメリカーナの限界はそこに露呈されている。

中国を見ると、経済的成功は明らかな事実だが、その裏に開発独裁を効果的に進めるために人権の制約・抑圧を含む政策を採用している現実は、たとえば毛沢東時代の労働改造キャンプや現代の新疆自治区における強制収容所の存在が示すように、否定しがたい事実であろう。ここで問題は、これらの事実の意味するものをどう解釈するか、である。それらの否定的な側面は、帝国主義アメリカの作った枠組み（たとえば、世界銀行・ＩＭＦ体制）の強制された受容、やむを得ざる選択の結果と見るか、それともすでにそれが体制内にビルトインされ、中国の内在構造と化して改革不能と見るかで評価は異なる。前者ならば、未来における変革の可能性が残るが、後者ならば、ミイラ取りがミイラになった構図であり、救いはない。

著者の見解は、米国主導のチャイメリカ体制のもとで余儀なくされた妥協策であり、やがて中国主導のチャイメリカ体制のもとで修復が可能だと見る。中華文明が十八〜十九世紀以降の植民地支配を伴う帝国主義体制とは異なる秩序を提起していたことに鑑みて、中国主導のチャイメリカ体制にもう一つの可能性を想定することは許されてよいのではないかと考える。

二つの全体主義、とひとまずは並列しつつも、その内容に即した具体的な考察が必要ではないか。勃興するパクス・シニカにポスト帝国主義の可能性を検討することである。

毛沢東の労働改造がソ連と同類の収容所群島を生み出したことは、すでに知られている。当時の毛沢東はソ連を社会帝国主義と断罪しつつ、みずからは独自の社会主義を追求すると主張し続けた。毛沢東の時代に決定的に欠けていたのは、それを実現するうえでの経済的・生産力的基盤であった。

今日の習近平体制のもとでは、米国を超える生産力をもつことによって、デジタル・レーニン主義の可能性は、実現の条件を整えつつあると著者は認識している。それが前著『中国の夢』で考察した電脳社会主義の可能性である。この可能性を活かして現実の政治経済システムを再構築する方向に人類の希望があると著者は考えている。ユートピアがディストピアと化した、ロシア革命以来の正負の教訓を深く学ぶことによって、道はまだ残されていると著者は主張する。

最後に日本だが、アジアで唯一の帝国主義国体験をもち、繁栄を謳歌してきたが、いまその地位を周辺諸国・地域の勃興によって脅かされている。世紀の変わり目から際立つ隣国に追い抜かれる日本という現象のなかで、周辺を蔑視する日本ナショナリズムは空前の盛り上がりを見せ、それが隣国のナショナリズムを一段と刺激する悪循環に陥っている。

尖閣国有化騒動前後から周辺島嶼に関わる隣国とのトラブルを平和的外交的に処理しようとする健全な政党が皆無である。「沖縄県尖閣は古来、固有の領土」と見る偏狭なナショナリズムが国会に議席をもつすべての既成政党の手足を緊縛している。経済的衰退に伴う大衆の不安をナショナリズム劣情で隠蔽する世論工作が成功し、リベラル派が敗北した結果として生み出された現実にほかならない。

著者が敬愛する歴史家朝河貫一（一八七三〜一九四八）は、その晩年、敵国アメリカに在って戦争を引き起こす各国の「国民性」についてこう分析した。

諸国民の精神活動には無意識の習性があるにもかかわらず、お互いに自己自身について気づいていない。お互いの言葉と行動が相手にとって手に負えないことが国際的な悲喜劇の根本原因である。

そもそも朝河自身、みずからの歴史研究は「すべて、それぞれの社会意識の形成過程とその歴史的な現れの特異な方法という単一の問題に向かってきた」と述懐して、戦争の世紀に生きながら平和を求めて行動した自らを回顧している（『朝河貫一書簡集』）。本書の拙い考察が中国を理解し、米国を理解し、日本の行方を深く考える読者の一助になれば幸いである。

★★★

なお、本書に収めた諸論考の初出は、次の通りである。

序章「樺美智子からの問い」は、本書の編集者竹園公一朗さんの強い勧めによりしぶしぶ執筆した。激動する中国を追いかけてきた六〇年安保世代の一人として、試行錯誤のジグザグを反省することが未来を模索する道だ、と説得されて小さな体験を記した。

第一章「湛山の先見の明」は、石橋湛山記念財団が発行する『自由思想』第一五五号（二〇一九年十二月）に「湛山老と大原万平さんの「四つの対話」を読む」として寄稿したものである。この論考を竹園さんに送ったところから本書の企画は始まった。

第二章「現代中国史再考」と第七章「二つの全体主義の狭間で」は、ともに明治大学現代中国研究所が主催したシンポジウムの報告原稿に加筆修正を加えて本にした『文化大革命』（白水社、二〇一七年）と『六四と一九八九』（白水社、二〇一九年）から収録した。シンポジウムの企画者である明治大学の石井知章教授に感謝する。

第三章「デジタル・レーニン主義ノート」は、二〇一八年七月に中国人民大学で行った報告を念頭に新たに書き下ろしたものである。

第四章「中国脅威論で見失われたもの」は、進藤榮一・木村朗編『中国・北朝鮮脅威論を超えて』（耕文社、二〇一七年）に「中国脅威論で自縄自縛に陥った日本」として寄稿したものである。

第五章「習近平 vs. トランプ」は、専修大学の土屋昌明教授の主宰する「中国六〇年代と世界」研究会の報告をもとに書き下ろしたものである。土屋昌明・森瑞枝ご夫妻に感謝する。

第六章「QRコード・5G・量子」は、著者がディレクターを務める二一世紀中国総研編『中国情報ハンドブック』二〇一九年終巻号（蒼蒼社、二〇一九年）に寄稿した「5G量子覇権」を一般読者向けに書き改めたものである。このハンドブックシリーズは一九八七年に創刊され、三十二版を重ねたが、二〇一九年版をもって版元蒼蒼社は営業不振のゆえに廃業した。社主中村公省さんは、同社創業以来の同志であり、同人のみなさんに感謝する。

著者の長年にわたるチャイナ・ウォッチングの記録が、内外の多くの友人知己のご教示・ご鞭撻の賜物であることは、いうまでもない。記して謝意を表する。

二〇二〇年六月十五日、安保六十年目の初夏に

著者

著者略歴

矢吹晋（やぶき・すすむ）
一九三八年生まれ。東京大学経済学部卒業。在学中、駒場寮総代会議長を務め、ブントには参加しなかったものの、西部邁らは親友。安保闘争で亡くなった樺美智子は先輩。東洋経済新報社政経部記者、アジア経済研究所研究員、横浜市立大学教授などを歴任。著書に『文化大革命』、『毛沢東と周恩来』（以上、講談社現代新書）、『鄧小平』（講談社学術文庫）、『習近平の夢』、『コロナ後の世界は中国一強か』（以上、花伝社）、『文化大革命――〈造反有理〉の現代的地平』、『六四と一九八九』（以上、共著、白水社）他。

〈中国の時代〉の越え方
一九六〇年の世界革命から二〇二〇年の米中衝突へ

二〇二〇年 七月二〇日 印刷
二〇二〇年 八月一〇日 発行

著 者 © 矢 吹 晋
発行者 及 川 直 志
印刷所 株式会社 三 陽 社
発行所 株式会社 白 水 社

東京都千代田区神田小川町三の二四
電話 営業部〇三（三二九一）七八一一
編集部〇三（三二九一）七八二一
振替 〇〇一九〇-五-三三二二八
郵便番号 一〇一-〇〇五二
www.hakusuisha.co.jp
乱丁・落丁本は、送料小社負担にてお取り替えいたします。

株式会社松岳社

ISBN978-4-560-09766-3
Printed in Japan